Larz Lundgren · Jan-Owe Wikström
Roxette – Das Buch

Larz Lundgren · Jan-Owe Wikström

Roxette – Das Buch

Aus dem Schwedischen
von Ingrid Kraschon

Mit einem Zusatzkapitel
von Alex Gernandt

Goldmann Verlag

Die schwedische Originalausgabe erschien unter dem Titel
»Roxette – The Book« bei Wahlström & Widstrand, Stockholm

Umwelthinweis:
Alle bedruckten Materialien
dieses Taschenbuches
sind chlorfrei und umweltschonend.

Der Goldmann Verlag
ist ein Unternehmen der Verlagsgruppe Bertelsmann

Copyright © der Originalausgabe
by Larz Lundgren und Jan-Owe Wikström
Copyright © der deutschsprachigen Ausgabe 1994
by Wilhelm Goldmann Verlag, München
Umschlaggestaltung: Design Team München
Umschlagfoto: Mattias Edwall
Satz: IBV Satz- und Datentechnik GmbH, Berlin
Druck: Auer, Donauwörth
Verlagsnummer: 42572
SN · Redaktion: Alex Gernandt
Herstellung: Stefan Hansen
Made in Germany
ISBN 3-442-42572-7

1 3 5 7 9 10 8 6 4 2

Danksagung

Vielen Dank an alle, die wir nerven mußten, um Fakten für dieses Buch zu sammeln. Vor allem an Tina und Ulla-Britt, Elisabeth Bengt und Gunilla, Asa, Martin, Stefan, Lasse L., Marie D., MP, Anders, Clarence, Jonas, Pelle, Vicki, Staffan, Dave, Masse Lökholm, Brian Philips, Jan B., Rolf, Blixten, Thomas, Tosse, Mats O., Julius, Lasse N., Wirack, Micke, Göran, Janne P., Janne C., Laila, PC und an Annelie und Kicki, daß sie es ausgehalten haben.

Vielen Dank auch an Kaj Kindvall, Jan-Eric Sundquist, Robert Thorne, Ann Palsson vom Verlag und alle, die sich übergangen fühlen sollten.

Vor allem aber an Marie und Per! Es war eine Freude, in eurer Vergangenheit herumzustöbern – in zehn Jahren folgt dann Teil II.

Inhalt

Vorwort zur deutschen Ausgabe 9
Prolog 11 · Das schwedische Liverpool 13
Das Leben auf dem Lande 19 · Jugendjahre 23
Die Kinder von Bullerbü 29 · Vom Zoll ertappt 37
Musik als Befreiung 47 · Die Herzensbrecher 57
Die Band Strul 65 · Die Mädchen von TV 2 77
MaMas Barn 83 · Goldene Hysterie 93
Hinter den Kulissen 101 · Aufbruch 105
Ein Schritt nach vorn 113 · Per im Abseits 121
Neverending Love 125 · Pearls of Passion 135
Roxettes Live-Premiere 143 · Es geht voran 149
The Look 155 · Die unglaubliche Radio-Story 161
Nummer eins! 165 · Sommartider 171
Listen to your heart 175 · Ein anderes Leben 179
It must have been Love 185 · Die Hitfabrik 187
Die Magie der Musik 191
Lebensgefahr beim Videodreh 199
Join the Joyride! 205 · Die Weltpremiere 209
Der »Joyride« geht weiter 213
Abenteuer in Südamerika 223
»Den ständiga Resan« – Maries Solotrip 231
Tourism 237 · Epilog 245
Roxette – Zwei Schweden in Deutschland 247
Bildnachweis 255

Vorwort zur deutschen Ausgabe

Wir sind begeistert, daß »Roxette – das Buch« jetzt auch auf deutsch erscheint, weil Deutschland inzwischen zu unserer zweiten Heimat geworden ist.

Als wir 1986 als Roxette an die Öffentlichkeit traten, waren die deutschen Fans neben den schwedischen die ersten, die an uns glaubten.

Hier in Deutschland haben wir einige unserer besten Auftritte gehabt, und hier sind die Fans, die ganz und gar hinter uns stehen – eine M-E-N-G-E davon, um es genau zu sagen. Dieses Buch ist für jeden einzelnen von Euch, für alle, die uns von Anfang an auf unserem Weg begleitet haben.

Es ist immer wieder ein reines Vergnügen, mit den Leuten von der BRAVO zusammenzuarbeiten. Sie sind schon lange Freunde von uns, und wir platzen jedesmal fast vor Stolz, wenn wir es wieder einmal aufs Cover geschafft haben.

»Roxette – das Buch« wurde von Larz Lundgren und Jan-Owe Wikström, zwei Veteranen der schwedischen Music Press, geschrieben. Wir haben versucht, ihre Fragen so ehrlich wie möglich zu beantworten, und eine Menge Dinge sind ans Tageslicht gekommen: Kindheitserinnerungen, merkwürdige Fotos und verrückte Briefe. Über manches haben wir gelacht, aber manchmal sind wir auch rot geworden...

Wir hoffen, euch gefällt's! Love & Peace
        Per Gessle, Halmstad, Schweden, Januar 1994

Pers Brief an Marie

(Übersetzung von Pers Brief):

Marie!
   Hier sind das Lied und der Text. Du kannst gerne eine zweite Stimme dazu machen.
   Ich kann mir außerdem auch eine Art »Heul«-Gesang (oooh) auf G und einen Huh-Teil in der Mitte (beim Solo der Ziehharmonika) vorstellen.
   Am 1.12.81 nehmen wir den Song in Studio 38 auf. Wenn es Probleme gibt, wende Dich bitte an Herrn Mats Persson. Er kommt am 11.11.81 zurück. Ich komme erst am 28.11.81 wieder.
   Mach's gut! Per Gessle

Prolog

Es war an einem Tag Anfang November 1981.

Sie sah den Zettel gleich, als sie in MaMas Barns Übungsraum kam. Er lag auf ihrem E-Piano. Zuerst wunderte sie sich, aber als sie ihn las, verstand sie. Er wollte, daß sie mitmachte und mit ihm zusammen das Duett »Ingenting av vad du behöver« bei Gyllene Tider sang. Der Songtext war auf die Rückseite des Zettels gekritzelt; dazu bat er sie, die Zweitstimme zu singen.

Sie konnte nicht umhin, sich zu amüsieren; seine Anfrage war so formell geschrieben. Aber gleichzeitig war sie stolz und froh. Wer konnte schon wissen, wozu so eine Zusammenarbeit führen mochte.

1992, elf Jahre nach dem Notizzettel, hatte das Paar aus Halmstad an der schwedischen Westküste 37 Millionen Schallplatten verkauft. Sie wurden das größte und erfolgreichste Rockduo der Welt.

Sie: Gun-Marie Fredriksson, geboren im Zeichen des Zwillings am 30. Mai 1958.

Er: Per-Hakan Gessle, im Zeichen des Steinbocks am 12. Januar 1959 geboren.

Dies ist die Geschichte von Roxette.

Halmstad, das schwedische Liverpool

Das schwedische Liverpool

Halmstad hatte, oberflächlich betrachtet, nicht die geringste Ähnlichkeit mit einer englischen Großstadt. In Halmstad gab es keine grauen, tristen Slum-Viertel und keine wegen der schlechten Wirtschaftslage beurlaubten Werftarbeiter, die auf bessere Zeiten hofften. Es gab keine von Schließung bedrohten Industrie-Betriebe, und die Luft war nicht verschmutzt vom schwarzen Ruß der hohen Fabrikschornsteine. Wollte man nach der Arbeit in ein Pub gehen, um ein Bier zu trinken und über Fußball zu fachsimpeln, mußte man lange suchen. Das, was am ehesten einem englischen Pub glich, war Halmkärven, eine Bierpinte mitten in der Stadt, oder die Kellerkneipe Makrillen im Bahnhofsviertel. Etwas anderes gab es nicht. Kurz und knapp: Nichts in der beschaulichen Kleinstadt an der schwedischen Westküste erinnerte an eine englische Großstadt.

Trotzdem begannen einige schwedische Journalisten bereits in den sechziger Jahren, Halmstad das »schwedische Liverpool« zu nennen. Es gab nur eine einzige Sache, auf die sie sich dabei bezogen: die lebendige Musik-Szene, die innerhalb weniger Jahre die Stadt in ganz Schweden bekannt machte. Es gab in Halmstad einige vielversprechende Bands, aber natürlich keine, die auch nur annähernd so populär war wie die Beatles, jene vier Pilzköpfe aus Liverpool, die Mitte der sechziger Jahre die Welt im Sturm eroberten.

Damals war Halmstad noch eine wirtschaftlich wohlhabende Kleinstadt inmitten ländlicher Idylle, die obendrein das Glück hatte, an den besten Badestränden des Landes zu liegen. Jeden Sommer kamen Tausende von Touristen aus ganz Skandinavien. Sie verbrachten ihren Urlaub damit, die Sehenswürdigkeiten wie Norre Port oder die Skulptur »Europa och Tjuren« (Europa und der Stier) am Stora Torg zu fotografieren und sich bei schönem Wetter an die Badestrände von Tylösand und Östra-Strand zu legen. Die Halmstader Bürger blieben den Sommer über meistens zu Hause und drängten sich zusammen mit den Touristen an den kilometerlangen Sandstränden, denn es gab für sie eben keinen besseren Urlaubsort.

Im Winter starb die Stadt aus. Die Jugendlichen warteten sehnsüchtig darauf, daß die Cafés, die Minigolfplätze und die Spielhallen, die zwischen Oktober und März geschlossen waren, wieder zur Saison öffnen würden. Oder daß die beiden beliebten Fußballmannschaften HBK und Halmia mit ihrem Frühlingstraining auf dem Örjans Vall beginnen. Denn dann konnte der Sommer nicht mehr weit sein. Eishockey gab es nicht in Halmstad, dafür aber Handball: HBP und Drott kämpften ständig darum, den anderen ein für allemal zu besiegen und die beste Mannschaft der Stadt zu werden.

An den Abenden machten die »Raggar«-Autos (aufgemotzte US-Schlitten) der Lucy Devils und der Smashers ihre Rundtour über Storgatan (Große Straße), Stora Torg (Großer Platz), Köpmannsgatan (Kaufmannsgarten), Lilla Torg (Kleiner Platz) bis zur Hamngatan (Hafenstraße). Manchmal fuhren die Autos auch zu einem länglichen Gebäude, Gustafs Wurst-Imbiß in der Brogatan (Brückenstraße), um dort einen »Spezial« (Wurst mit Kartoffelbrei) zu essen. Bei Gustaf traf man immer jemanden, den man kannte und mit dem man reden konnte.

In Halmstad gab es immerhin sieben Kinos: das Saga war

das gemütlichste, das China das älteste, die Röda Kvarn (Rote Mühle) das eleganteste, das Royal das größte, das Palladium das kleinste, Skandia das unpersönlichste, und das neueste hieß Figaro. Diese Kinos waren das Freizeitvergnügen für alle, die nicht genug Geld hatten, um sich in Tanzcafés wie dem Grand, dem Norre Kavaljeren oder dem Martenssons bei Tanzmusik und hochprozentigen Cocktails zu amüsieren. Es gab auch einige Cafés, in denen man rumhängen konnte. Das Tre Hjärtan und das Café Centrum waren ein Treffpunkt für die Schüler nach Schulschluß. Und natürlich gab es Folkeparken (Volkspark). Die Westcoasters spielten dort jeden Samstag. Den ganzen Herbst und Winter über tanzten dort die frech gestylten Girls und ihre Boyfriends zu ihrem coolen Sound.

Es gab viele Tanzorchester in der Stadt. Gus Einertz, Randers, Sören Wilhelmsson und einige andere. Sie spielten ständig die allerneuesten Hits.

Aber eine Rock'n'Roll-Szene gab es nicht – bevor die Beatles ihren Triumphzug rund um den Globus antraten. Klar, man hatte schon einmal den besten »Elvis-Presley-Imitator« von Halmstad gekürt, aber was aus ihm wurde, wußte kaum einer. In der Zeitung Hallandsposten wurden solche unwesentlichen Dinge wie Rockmusik nie erwähnt. Und natürlich war »der rockende Graf«, Charlie Kuylenstierna, eine lustige Gestalt, der bei verschiedenen Schulfesten in der Stadt großen Erfolg als Pausenkünstler hatte.

Es passierte nichts Weltbewegendes in der Halmstader Rockszene, bevor die Beatles kamen. Aber als dann auf einmal der »Beatles«-Funke in ganz Schweden zündete, geschah das in Halmstad viel drastischer und viel schneller, und von da an nannten alle Zeitungen Halmstad nur noch »das schwedische Liverpool«. Göteborg bekam zur gleichen Zeit einen noch tolleren Kosenamen, nämlich »Liverborg«. Göteborg war ja fast genauso groß wie Liverpool und konnte in puncto Pop viel mehr bieten als das kleine Halmstad.

Aber im Verhältnis zur Größe entwickelte Halmstad eine fruchtbarere, lebendigere Musikszene.

Das erste, was passierte, war, daß eine Popband aus Göteborg einen Abstecher nach Halmstad machte. Die Band nannte sich »Tages« und wurde als »Westschwedens Beatles« verkauft. Sie spielten an einem Samstag abend im Volkspark. Die Bandmitglieder waren Amateure, aber sie hatten genauso lange Mähnen wie die Beatles! Die Mädchen, die sich ganz vorne an der Bühne drängten, kreischten vor Begeisterung, wenn die Musiker ihre langen Haare im Takt der Musik schüttelten. Solche Töne hatte man vorher noch nie im Volkspark gehört. Das war wirklich etwas Neues. Die neue Popmusik, die nach Halmstad gekommen war, hatte das Leben verändert. Danach ging alles Schlag auf Schlag.

Immer mehr Jungs in Halmstad ließen sich die Haare wachsen. Und viele gründeten Popbands. Aber keine Band der Stadt schaffte es, sich außerhalb der Stadtgrenzen einen Namen zu machen. Einige Gruppen hatten nichtsdestotrotz, quasi aus Prestigegründen, einen eigenen Fanclub. Der neue Popredakteur bei der Hallandsposten bekam sackweise Briefe, in denen die Fans der verschiedenen Gruppen über ihre Idole schrieben und im gleichen Atemzug mitteilten, wie grauenhaft all die anderen Bands in der Stadt seien. Aber dies alles geschah innerhalb der Stadtgrenzen. Nur in Halmstad waren die Halmstader Popbands »weltberühmt«.

Schallplattenaufnahmen und Verträge gab es weder für die Dandys noch für The Bawlers, Stainers, Burlings, die Ad Lib Group oder die Nicc-A-Teens. Die Nicc-A-Teens (Wortspiel mit dem Wort Nikotin) hätten durchaus Karriere machen können. Sie waren mit Abstand die talentierteste Popband der Stadt, und wenn sie einen guten Tag hatten, konnten sie spielen wie eine Top-Ten-Band. Aber keinem in der Gruppe war klar, daß man hart arbeiten muß, um etwas zu erreichen, und als die ersten Haschischbrocken Halmstad erreichten, landeten einige im Umkreis der Nicc-A-Teens. Danach war es nicht mehr so leicht für die, die dem Rauschgift nicht widerstehen konnten, aus dem Schlamassel wieder rauszukommen.

Als der Pop in Halmstad zum Leben erwachte, ging alles ganz schnell, fast jeder wurde von dem Sog mitgerissen. Auf einmal tauchten Konzertveranstalter auf und begannen Popkonzerte in Sporthallen und im Theater von Halmstad zu organisieren. Plötzlich schossen auch an vielen Ecken Musik-Clubs wie Pilze aus dem Boden. Als Schweden Besuch von englischen Pop-Größen wie den Troggs, Screaming Lord Sutch, Manfred Mann, Chris Farlowe, den Yardbirds und den Who bekam, spielten die nicht nur in Stockholm und Göteborg, sondern auch in Halmstad. Und wem das immer noch nicht reichte, der konnte mit dem Bus nach Göteborg fahren, denn da traten auch die Moody Blues, die Hollies und die Kinks auf. Sogar diejenigen, die inzwischen eher nostalgische Anwandlungen hatten, kamen auf ihre Kosten: Bill Haley and his Comets kamen zu Besuch in den Volkspark und hatten dort während ihrer Europa-Tournee einen Riesenerfolg.

Zwei Göteborger Geschäftsleute eröffneten die erste Discothek in der Stadt: New Gate am Norra Väg. Der Popredakteur der Hallandspost schaffte es sogar, den britischen Popstar Manfred Mann nach einem Auftritt im Volkspark dorthin zu locken. Im Süden Halmstads eröffnete ein neuer In-Club, der »PopEye« hieß. Dort konnte man sowohl zu heißem Disco-Sound tanzen als auch neue Gruppen aus dem restlichen Südschweden hören. Die Fähre Prins Bertil öffnete ihren Popclub jeden Samstagabend auf der Überfahrt nach Helsingör und engagierte Bands aus der Stadt als Anheizer. Einige Musiker wurden seekrank und hatten große Mühe, Takt und Rhythmus zu halten. Draußen am Tylösand-Strand wurde das alte Café Tyludden zu einer Popkneipe umgebaut, und der Volkspark konterte mit einem eigenen Club, der Shake Inn getauft wurde.

Große Popkonzerte wurden sowohl im Volkspark wie auch in den Sporthallen organisiert. Jetzt gab es in der Stadt immer mehr Übungsräume. Die Gruppe Stainers hatte ihrem Proberaum, einem kleinen Kellerloch am Snöstorpsvägen, sogar einen Namen gegeben: »La Cave« (Die Höhle). Hätten sie die englische Version des Namens gewählt, hätte es »The Cavern Club« geheißen, genauso wie der berühmte Keller in Liverpool, aus dem einst die Beatles »herausgekrochen« waren.

1969 war Per Gessle erst zehn Jahre alt, aber seine beiden älteren Geschwister waren alt genug, um diesen wichtigen Abschnitt der Popgeschichte mitzuerleben. Sie sprachen ständig über Dinge, die sie in der Stadt gehört und gesehen hatten. Sie kauften Unmengen von Pop-Platten – und Klein-Per hörte fasziniert zu.

Das Leben auf dem Lande

Da die große Landstraße zwischen Stockholm und Helsingborg direkt durch Östra Ljungby führte, war in dem kleinen Ort immer was los. Tagtäglich donnerten hier schwere LKWs vorbei, und manchmal gab es richtige Staus, vor allem im Sommer. Die meisten Trucker hielten in dem Örtchen nicht an, nur die, die an der Koppartransmacken einen Tankstopp einlegten. Bei keinem hinterließ das kleine Dorf einen nachhaltigen Eindruck.

Ein Sportplatz, eine Schule, eine Kirche, ein Feuerwehrhäuschen mit kleinem Holzturm, einige Geschäfte, zwei Cafés, ein paar Miethäuser und eine Anzahl kleiner Villen, das war im großen und ganzen das Östra Ljungby der sechziger Jahre. Jeder kannte jeden und wußte alles über alle. Und das, was man nicht wußte, vermutete man. Wie in allen anderen kleinen Dörfern wurde geklatscht und getratscht, und keiner der Teenager dachte auch nur im Traum daran, in diesem Kleinstadtmief länger als nötig wohnen zu bleiben. Die erfolgreiche Zukunft mußte man woanders suchen.

Der einzige kleine Industrie-Betrieb des Ortes war die »Schwedische Rundholzfabrik«, die aber von den Einheimischen immer nur Stockfabrik genannt wurde. Hier, zwischen Stuhlbeinen und Stäbchen für Speiseeis, wollte keiner der jungen Leute des Ortes enden, das war klar.

Es gab kein richtiges Kino im Ort. Aber im Winter wurde einmal wöchentlich im Gemeindesaal ein Film gezeigt. Man saß dort auf einfachen, unbequemen Holzstühlen. Wollte man sich amüsieren und am Samstagabend tanzen gehen, war man gezwungen, in die umliegenden größeren Ortschaften wie Örkelljunga, Ängelholm, Klippan oder sogar nach Helsingborg zu fahren. Einige Eltern erklärten sich immer wieder bereit, die tanzwütigen Töchter des Dorfes in die Diskotheken zu fahren und spät abends wieder abzuholen. Ein populärer Treffpunkt war auch Ekebo in Munka Ljungby. Dort spielte ein gutes Orchester zum Tanz auf.

Interessierte man sich in den sechziger Jahren für Popmusik und hatte das Pech, in Östra Ljungby zu wohnen, mußte man immer weite Reisen in Kauf nehmen. Das einzige, was man eigentlich tun konnte, war, das Bild-Journal und die Jugendzeitung Idol-Nytt zu kaufen und sich damit in Carlssons Café oder ins Lillgarden zu setzen und zu lesen, zu träumen und sich über seine Stars zu unterhalten. Hatte man besonders viel Glück, konnte man auch mal die Tour-Busse und LKWs der Popgruppe Ola & The Janglers oder der Shanes vorbeifahren sehen und einen sehnsüchtigen Blick auf die Autos der Stars werfen. Wollte sich jemand die neueste Platte der Beatles oder der Rolling Stones kaufen, mußte man nach Ängelholm fahren. Und dort, in Bengtsons Musikgeschäft, gab es alles, was das Herz begehrte. Man konnte sogar heimlich rauchen, während man sich die Platten in kleinen Kabinen anhörte. Hier war man ungestört. Bengtsson sagte nichts; denn er hatte Angst um seine Kunden. Aber nachdem alles nur außerhalb des Ortes geschah, brach in Östra Ljungby natürlich keinerlei Pop-Hysterie aus. Keine einzige Popband kam ins Dorf, und es wurden nie Konzerte veranstaltet.

Zu Hause spielte und sang man, besonders wenn man seine Freunde zu einem Fest eingeladen hatte, dafür um so mehr. Das Interesse galt insbesondere der Volksmusik und schwedischem Liedgut – auch bei Familie Fredriksson, die 1962 in eine der Villen hinter der Tankstelle gezogen war. Das ganze Dorf bemerkte schnell, daß die ganze Familie sehr gut singen konnte. Wenn Vereine bei ihren Treffen ein bißchen Unterhaltung wollten, konnten sie immer bei Familie Fredriksson anrufen und fragen, ob die Mädels denn Lust und Zeit hätten zu singen. Nichts taten sie lieber.

Das jüngste Mädchen der Fredrikssons hieß Marie. Zusammen mit ein paar Spielkameraden, Björn und Mikael, gründete sie schon als Zehnjährige ihre erste Popband. Mit einigen Keksdosen, die als Schlagzeug dienten, und Pseudo-Gitarren aus Brettern spielten sie alle Lieder nach, die sie im Radio gehört hatten. Wenn das Pop-Repertoire nicht reichte, spielten sie auch schon mal die Erkennungsmelodie des Rundfunksenders Hylands Hörna.

»Wir müssen uns einen tollen Namen ausdenken«, sagte Mikael.

»Ich weiß einen«, antwortete Marie. »Wie wär's mit Renat!?«

Der Popband Renat aus Östra Ljungby gelang nie der Durchbruch. Hier und da spielte man auf dem Fußgängerweg zwischen Villa und Tankstelle. Das war auch schon alles. Aber für die junge Sängerin war es ein Schritt vorwärts; denn schon als Achtjährige hatte sie nur einen Berufswunsch: Sie wollte später einmal eine berühmte Sängerin werden.

Jugendjahre

Die Familie Gessle wohnte nie lange an einem Ort. Während Per zusammen mit seinen Geschwistern Gunilla und Bengt bei Mutter Elisabeth und Vater Kurt, der ursprünglich Johansson hieß, den Namen aber zu gewöhnlich fand und sich in Gessle umbenannte, aufwuchs, mußte er sich fünf verschiedene Adressen merken; denn Familie Gessle zog relativ häufig innerhalb des Landkreises Halmstad um.

Per, geboren am 12. Januar 1959, war das Nesthäkchen der Familie, gefolgt von Bengt und Gunilla, die 15 Jahre älter ist als Per. Ohne große wirtschaftliche Sorgen lebten die Gessles in einfachen, finanziell durchschnittlichen Verhältnissen. Man konnte sich das, was nötig war, leisten und manchmal ein bißchen mehr. Kurt Gessle war ein fleißiger und geschickter Handwerker. Von Beruf war er Installateur, und er hatte eine eigene kleine Installationsfirma aufgebaut. Er arbeitete ununterbrochen, nahm die schwersten Arbeiten an. Als die großen Badeorte Tylösand und Frösakull, die außerhalb der Stadt lagen, mit eigenem Abwassersystem modernisiert werden sollten, oder als alle Villen fließend Warm- und Kaltwasser bekommen sollten, bekam Kurt den Auftrag. Wenn er nach der Arbeit nach Hause kam, war es meist sehr spät. In seiner knapp bemessenen Freizeit engagierte er sich im lokalen Handwerkerverein, und er wurde außerdem in die Loge »Svarta Örn« aufgenommen. Häufig besuchte er Kurse, um sich weiterzubilden. In einem Kurs lernte er, wie man Fernsehgeräte baut. Natürlich war das schwedische Fernsehnetz 1959 noch nicht so gut ausgebaut, daß man in Halmstad schwedische Programme empfangen konnte, aber wenn man eine Antenne auf dem Dach montierte, konnte man immerhin einen dänischen Sender empfangen. Kurt Gessles Fernsehgerät funktionierte. Zusammen mit dem Rundfunkgerät und dem Plattenspieler baute er es in einen großen Holzschrank ein. Etwas später baute er seiner Familie eine neue Villa. Er tischlerte, verlegte Rohre, malte und tapezierte die Wände und machte fast alles selbst. Er sägte sich einen Daumen ab, aber die Villa im Ortsteil Furet wurde fertig. Dort verbrachte Per seine Kindheit.

Sein Bruder Bengt kam eigentlich so richtig nach dem Vater, während Per immer bei der Mutter Schutz suchte. Während er aufwuchs, saß er oft allein zu Hause und hörte sich Schallplatten an, las, malte und schrieb Gedichte. Offensichtlich übte seine Mutter einen starken Einfluß auf ihn aus. Elisabeth Gessle nutzte ihre künstlerische Ader, um Bilder zu malen. Sie unterrichtete auch Kunst und leitete Kurse, in denen man das Bemalen von Porzellan lernen konnte.

Per ging schon mit sechs Jahren in die Schule, das war früher als üblich. Die Spielkameraden, mit denen er am besten auskam, waren immer Mädchen, die sich nicht soviel zankten wie die Jungs. Per leitete vorübergehend die Popband Pepcis, die zu den Singles von Tages und den Animals mimten und Stöcke und Küchengeschirr als Ersatzinstrumente einsetzten. An Tourneen war natürlich nicht zu denken, denn die Popband mußte sich ja immer in der Nähe des Plattenspielers, der im elterlichen Wohnzimmer stand, aufhalten. Aber es reizte Per schon damals, Musik zu machen.

Es dauerte einige Zeit, bis sich Per in der Schule richtig

Die Gessle-Brüder: ein zukünftiger Weltstar und ein zukünftiger Anwalt

wohl fühlte. Er war ein Einzelgänger und blieb viel lieber in der Gessle-Villa, als etwas mit anderen zu unternehmen. Es war ihm auch immer sehr unangenehm, wenn sich seine Klassenkameraden die Zeit mit destruktiven Spielen vertrieben. Als er sah, wie sie einmal mit ihren Taschenmessern die Sitze im Schulbus aufschlitzten, weigerte er sich, jemals wieder mit dem Bus zur Schule gefahren zu werden. Statt dessen brachte ihn Vater Kurt im Auto zum Unterricht.

Er wollte auch keine Hausaufgaben machen. Per merkte ziemlich schnell, daß es reichte, den ganzen Stoff einen Tag vor der Prüfung zu lernen, um eine gute Note zu bekommen. Warum also jeden Tag Hausaufgaben machen und stundenlang lernen? Zu Hause gab es ja so viel anderes zu lesen, Bengts Popzeitschriften zum Beispiel. Und schon bevor Per in der Schule Englisch lernte, schaffte er es, sich durch das ausführliche Studieren des New Musical Express und anderer englischer Zeitungen selbst einige Sprachkenntnisse beizubringen. Als er eine englische Zeitschrift mit dem vielversprechenden Namen Melody Maker entdeckte, überredete er Vater Kurt, einmal in der Woche am Zigarettengeschäft Nordbergs in der Sperlingstraße anzuhalten und dort eine extra für Per bestellte Ausgabe des Melody Makers zu kaufen. Der Vater fand die Zeitschrift zwar etwas eigenartig und verstand nicht, worum es darin ging, aber der pfiffige Per, damals gerade acht Jahre alt, konnte es erklären. Die Eltern beobachteten verwundert, wie ihr Filius Woche für Woche die neueste Ausgabe studierte.

Per las Seite für Seite gründlich durch und kontrollierte die verschiedenen Hitparaden aus Amerika und England. Peinlich genau übertrug er die Listen in seine Notizbücher. Ob er sie jemals brauchen würde, wußte er nicht, aber er hatte viel Spaß dabei. Und jede Woche lernte er dadurch immer mehr englische Wörter dazu. Er las auch Informationen über die englische Fußball-Liga und wußte viel mehr über die Spieler und die Mannschaftsaufstellungen seines Lieblingsteams Leeds United als über die ortsansässigen Vereine, Halmstads BK und Halmia. Letztendlich wurde sein Interesse an Leeds United so stark, daß er Mitglied in deren Fanclub wurde.

Jeden Tag war er mit seinen Listen beschäftigt. Alle Listen, die er in der Zeitung entdeckte, schrieb er fein säuberlich auf DIN-A4-Blätter, die er in Ordnern abheftete. Er begann mit den Plattenlisten im Melody Maker, danach kamen die Fußball-Tabellen, die Handballergebnisse und die Eishockey-Listen für die erste Liga.

Aber dann begann Per, sich intensiver für Musik zu interessieren. Er bekam schon sehr früh eine eigene Stereoanlage, und vor seinem zehnten Geburtstag besaß er bereits mehr als 100 Schallplatten. Dadurch daß er sein wöchentliches Taschengeld sparte und für kleine Gefälligkeiten auch noch ab und zu ein kleines Extra-Honorar verdiente, konnte er sich die Schallplatten kaufen, die er haben wollte. Die erste LP, »The Kink Krontroversy« von den Kinks, kaufte er Bengt ab, der heimlich angefangen hatte zu rauchen und unbedingt fünf Kronen für eine Schachtel John Silver brauchte. Häufig nahm er den Bus in die Stadt, um sich im Plattenladen Skiv-City die Neuerscheinungen anzuhören. Den Besitzer freute es immer besonders, wenn der kleine dicke Junge den Laden betrat und alle Künstlernamen und Songtitel in perfektem Englisch aussprach. Sein Wissen über die Popgruppen und deren Platten erweiterte sich Woche für Woche. Alles, was Per im Melody Maker und in Bengts Popzeitungen las, setzte sich in seinem Kopf fest. Er wurde zum absoluten Popexperten.

Es gab ein Klavier im Hause Gessle, aber das hatte Gunilla ganz für sich allein; weder Bengt noch Per hatten Interesse daran, Klavierstunden zu nehmen. Wenn Bengt nicht zu Hause war, ging Per heimlich in dessen Zimmer und lieh sich Bengts Wandergitarre aus. Er versuchte, einige Akkorde auf ihr zu spielen. Eines Tages behielt er die Klampfe dann für sich.

Als Per dreizehn war, färbte er sich zum ersten Mal seine Haare. Kein anderer 13jähriger hatte sich bis dahin in

Plattensammler Gessle, neun Jahre alt. Vier Jahre später wurde er in den Leeds United Fan Club aufgenommen

Halmstad die Haare gefärbt. Das war undenkbar für einen Jungen! Per hatte langes Haar, und sein Ziel war es, wie David Bowie aussehen. Nur murrend ging er mit zum Friseur, um sich die Matte einige Millimeter kürzen zu lassen. Die Mutter versuchte ihn mit einer neuen Schallplatte, von der sie wußte, daß Per sie unbedingt haben wollte, zu locken. Eines Tages sah Per Fotos von Popstars, die sich Strähnchen färben ließen, um mal anders auszusehen. Per war begeistert und wollte das unbedingt selbst ausprobieren. Er kaufte sich also ein Präparat, schloß sich im Badezimmer ein und schaffte es, einige knallrote Strähnen in sein dunkelblondes Haar zu färben. Als er das Resultat im Spiegel bewunderte, war er sehr zufrieden. Zum ersten Mal hatte er deutlich gemacht, daß er sich von den anderen abheben wollte, und das, obwohl er mit Sticheleien rechnen mußte. Aber das beunruhigte ihn nicht im geringsten. Als er dann feststellte, welchen Aufruhr, welches Getuschel und Gelächter es aufgrund seines Experimentes gab, wurde er noch wesentlich zufriedener. Er war schon lange der Meinung, daß er schließlich kein Kind mehr sei, und er wollte auf keinen Fall in der farblosen Menschenmasse untergehen. Zufrieden spazierte er mit seinen gefärbten Strähnen durch die Stadt, denn er wußte, daß sich alle nach ihm umdrehen würden. Und er war stolz darauf, daß er Mut genug hatte, etwas Derartiges zu wagen.

So muß man sich als Popstar fühlen, dachte er, als sich die Menschen auf der Straße nach ihm umdrehten. Das war ein ganz neues Gefühl, und es spielte keine Rolle, ob der Mama die neue Frisur gefiel oder nicht. Er war jetzt immerhin schon dreizehn Jahre alt und damit fast erwachsen...

Die Kinder von Bullerbü

Marie, die am 30. Mai 1958 geboren wurde, hatte vier ältere Geschwister. Als Nesthäkchen der Familie lernte sie schon früh, im Mittelpunkt zu stehen. Als sie noch klein war, kümmerten sich die Schwestern Anna-Lisa, Ulla-Britt und Tina, manchmal auch ihr großer Bruder Sven-Arne um sie. Die Kinder der Familie Fredriksson wurden von Anfang an dazu erzogen, selbst Verantwortung zu übernehmen und einander zu helfen. Vater Gösta Fredriksson war ein fröhlicher Mensch, der seinen Kindern vertraute und nie auf die Idee kam, sie zu bestrafen, wenn sie einen Fehler machten. Inez Fredriksson war ebenfalls der Meinung, daß die Kinder eine ganze Menge aus ihren eigenen Fehlern lernen könnten und es beim nächsten Mal richtig machen würden.

Die Eltern waren sich sehr ähnlich; der größte Unterschied bestand darin, daß Gösta sehr musikalisch war. Er sang oft und gern mit einer vollen Jussi-Björling-Stimme (schwedischer Sänger), und er konnte die verschiedensten Instrumente spielen. Sein Traum war es, sich eines Tages ganz der Musik widmen zu können. Inez dagegen wagte kaum, einen Ton zu singen, und konnte nicht mal »Gubben Noak«, das schwedische Kinderlied, auf dem Klavier spielen. Aber sie genoß die Musik und war oft diejenige, die vorschlug, daß die Familie sich zusammensetzen sollte, um zu singen.

Als Marie vier Jahre alt war, zog die Familie von Össjö, einem kleinen Dorf im nördlichen Skane, nach Östra Ljungby, das zwar auch nur ein kleines Dorf war, aber verglichen mit Össjö fast als Metropole bezeichnet werden konnte. Hier gab es viele neue Spielkameraden, und bald war das Haus der Fredrikssons Treffpunkt für alle Kinder des Dorfes. Marie wuchs in einer Umgebung auf, wie sie die Schriftstellerin Astrid Lindgren immer wieder in ihren Kinderbüchern, z. B. »Die Kinder von Bullerbü«, schilderte. Alle Kinder im Dorf hielten zusammen, spielten jeden Tag miteinander, und wenn sie sich mal stritten, war es immer auf eine harmlose Art und Weise. Am spannendsten war es, wenn sie sich in kleine Gruppen aufteilten: die roten und die weißen Rosen, die ihre Schätze voreinander versteckten. Jeden Tag gab es etwas Neues zu erleben. Die Mädchen spielten auch »feine Dame« und verkleideten sich mit Mamas alter Pelzstola und einem Badehandtuch als Abendkleid und unterhielten sich im hochgestochenen Stockholmer Dialekt, immer mit einem Streichholz, das eine Zigarette sein sollte, zwischen den Lippen.

— Was macht dein Mann beruflich?
— Er ist Anwalt! Und was macht deiner?
— Er ist Arzt!

Das war die feine Gesellschaft, ganz weit weg. Das gab es sonst nur im Fernsehen, und die Filme handelten von Menschen, die viel Geld hatten und Sportautos fuhren, die pfundweise Diamanten besaßen und in herrlichen Villen lebten.

Das Schulhaus war klein und gelb. In der Dachetage wohnte die Lehrerin, und um das Haus herum lag ihr privater Garten, wo die Gymnastik-Stunden stattfanden, wenn das Wetter gut war. Hier begann Maries Schulzeit. Insgesamt gab es 15 Schüler in der gemeinsamen ersten und zweiten Klasse. Wurde man in die dritte Klasse versetzt, kam man in ein größeres Schulhaus, das ein bißchen weiter entfernt lag.

Tina und Marie, 1962

Anna-Lisa, die dreizehn Jahre älter war als Marie, war die erste, die Kameraden nach Hause einlud, um dann im Dachzimmer zu sitzen, Schallplatten zu hören und über die Jungen im Dorf zu klatschen. Auch Ulla-Britt durfte dabeisein, denn sie war fast genauso alt. Aber Tina und Marie waren immer noch Kleinkinder in den Augen der älteren Schwestern und mußten sich damit begnügen, an der Tür zu lauschen, wenn sie wissen wollten, über was in der Dachkammer geredet wurde. Die Beatles schallten durch das ganze Haus, kurz danach die Rolling Stones, Jimi Hendrix, Led Zeppelin und viele andere. Marie kaufte sich irgendwann auch ihre erste Single, »Valeri« von den Monkees.

Mutter Inez fand bald Arbeit in der Fabrik in Astorp, einige Kilometer vom Heimatort entfernt. Auch Gösta war glücklich, hatte er doch hier regelmäßigere Arbeitszeiten als früher, als er in Össjö als Landarbeiter arbeitete. Sein neuer Job als Briefträger machte ihm viel Spaß, und er kam immer zu bestimmten Zeiten nach Hause. Einen Kindergarten gab es nicht im Ort, und so durfte Klein-Marie ihren Papa oft zur Arbeit begleiten. Häufig sang er ihr während der Autofahrten Lieder vor. Überhaupt versuchte er, ihr musikalisches Interesse zu fördern, wo es nur möglich war.

Es schien, als würde die Familie glücklichen, guten Zeiten entgegengehen. Aber das Schicksal sollte schon bald die Idylle zerstören.

Es war ein Polizist, der die traurige Botschaft überbrachte und die Familie und alle Freunde im Dorf in einen Schock versetzte. Die älteste Schwester, Anna-Lisa, war bei einem entsetzlichen Autounfall ums Leben gekommen. Plötzlich war die heile Welt der Fredrikssons zerstört. All die Wärme, Freude und die Sorglosigkeit, die bei den Fredrikssons immer herrschte, wurde ganz plötzlich von einer beklemmenden Kälte erdrückt.

Marie war gerade acht, als sie diesen ersten großen Kummer erlebte. Aber sie konnte ihren Kummer mit den Familienmitgliedern teilen, und es gab eine Geborgenheit, in die man immer wieder flüchten konnte, wenn die Trauer um Anna-Lisa überhandnahm. Der unerwartete Tod von Anna-Lisa schweißte die Familie noch stärker zusammen.

»Nun haben wir gelernt, daß nichts im Leben selbstverständlich ist«, sagte Inez zu ihren Kindern. »Denkt daran und versprecht mir, daß ihr immer zusammenhalten werdet und euch immer gegenseitig helft.«

Während des folgenden Trauerjahres wurden die Bande zwischen Ulla-Britt, Tina und Marie noch viel enger. Bald zog Tina in die Dachkammer und richtete sie sich nach eigenem Geschmack ein. Marie durfte mithelfen und dabeisein, wenn Tinas Freunde zu Besuch kamen.

Marie interessierte sich in der Schule am meisten für die künstlerischen Unterrichtsfächer, und jedesmal, wenn sie im Kino einen Film gesehen hatte, träumte sie davon, selbst einmal beim Theater zu arbeiten oder als Schauspielerin auf der Bühne zu stehen. Aber die Musik wurde ihr immer wichtiger. Die Musikalität von Papa Gösta war ansteckend, und bei gemeinsamen Liederabenden mit ihren Schwestern hatte Marie sogar die Chance, vor Publikum – entweder im Gemeindesaal oder zu Hause – aufzutreten.

*Marie als Brautjungfer bei der Hochzeit
ihres großen Bruders Sven-Arne*

Sowohl Marie als auch Tina nahmen Klavierunterricht, und beide Mädchen konnten nach Gehör spielen. Sie saßen sehr oft zusammen und versuchten Popsongs, die sie im Radio gehört hatten, nachzuspielen. Sie hörten gern Ted Gärdestad, Pugh Rogefeldt und Bernt Staf. Sie hörten auch rokkigere Musik, zum Beispiel von Uriah Heep und Deep Purple. Aber diese Songs waren nichts fürs Klavier. Marie versuchte manchmal, eigene Songs zu komponieren. Als Tinas beste Freundin Boel einmal zu Besuch kam und ihre Gedichte vorlas, komponierte Marie dazu eigene Melodien, so daß man die Gedichte singen konnte.

Die Musik wurde zu einem wichtigen Teil in Maries Leben. Aus dem Fernsehen im Wohnzimmer hörte man immer neue Schreckensnachrichten von rebellischen Studenten, Demonstrationen, Hippies mit langen Haaren und der Ermordung des schwarzen US-Bürgerrechtlers Martin Luther King. Der Papa klagte über die schlechten Zeiten und wunderte sich über die Unruhen, und Marie war der Meinung, daß es irgendwo ganz weit weg eine neue gefährliche Welt gab, die auch in irgendeiner Form mit der neuen Musik zu tun haben mußte.

Tina und Boel nahmen Marie manchmal mit nach Ängelholm, um sich dort neue Schallplatten in Bengtssons Plattengeschäft anzuhören. Mit der Zeit wurden sie immer frecher und mutiger und fuhren sogar per Anhalter nach Helsingborg, um dann mit der Fähre nach Dänemark überzusetzen. Sie begannen sich auch langsam für Jungs zu interessieren, und Jungs traf man ja unter anderem in den Tanzlokalen.

Im Ort Klippan, neun Kilometer von Östra Ljungby entfernt, gab es eine Gastwirtschaft, wo man ein Kellerlokal baute, um für die Jugendlichen eine Discothek zu schaffen. Der Keller wurde »Basement« getauft und wurde sofort der Treffpunkt für alle Teenager der Umgebung.

Eines Abends, als Tina auf ihr Moped steigen wollte, um

mal wieder ins Basement zu fahren, wollte Marie mitkommen.

»Das geht nicht«, sagte Tina. »Die Altersgrenze ist 15 Jahre, du bist aber erst zwölf, also vergiß es!«

»Ich kann es doch wenigstens mal probieren?«

»Der Eintritt kostet vier Kronen, du hast doch gar kein Geld!«

»Guck mal, hier!« sagte Marie und zeigte Tina eine Handvoll mit 25-Öre-Stücken (100 Öre = 1 Krone). Sie erzählte natürlich nicht, daß sie die Münzen in weiser Voraussicht hier und da heimlich aus Mutters Geldbörse stibitzt hatte. Ab und an ein 25-Öre-Stück weniger, das fiel ja gar nicht auf.

»Also gut«, sagte Tina, »aber du mußt dich schminken, damit du älter aussiehst.«

Tina half Marie beim Make-up und lieh ihr einen dunkelroten Lippenstift. Dann stiegen sie aufs Moped, Tina vorn und Marie hinten auf dem Rücksitz. Ihre Augen tränten vom Fahrtwind, und ständig hatte sie Angst, daß ihr das Mascara übers Gesicht rinnen könnte.

Das dunkle Licht im Keller war wahrscheinlich der Grund dafür, daß Marie überhaupt reinkam. Mit großen Augen sah sie sich in der düsteren Umgebung um. Während sie noch herauszubekommen versuchte, was hier im Lokal ablief, hörte sie plötzlich aus den Lautsprechern einen Song von James Brown, »Sex Machine«, und bevor sie sich richtig an das Basement gewöhnen konnte, wurde sie auch schon von einem Jungen zum Tanzen aufgefordert. Für Marie war das eine ganz neue Welt. Blitzende Lichter, rockige Musik und viele ältere Jungs, die sie immer wieder beobachteten. Die kleine Marie fiel zwischen den anderen wild tanzenden Teenagern etwas aus dem Rahmen. Sie senkte den Blick und wagte es nicht, jemandem in die Augen zu schauen. Schüchtern bewegte sie sich zur Musik. Das war Maries erster Disco-Besuch – ein aufregendes Erlebnis!

Vom Zoll ertappt

»Nie wieder!« – Mit hochrotem Kopf schwor sich Per, nie wieder öffentlich aufzutreten. Natürlich hatten die alten Männer vor ihm im alten Krankenhaus von Vallas höflich applaudiert. Aber Per wäre am liebsten im Boden versunken. Er konnte sich genau vorstellen, wie dämlich er und Pedda ausgesehen hatten, als sie wie zwei brave Landtrottel das Seemannslied »En sjöman älskar havets vag« (Ein Seemann liebt die Meereswogen) sangen.

Aber dieser Auftritt als Landmusiker war immerhin noch besser als sein früherer Job bei Fammarps Champignon-Züchtung. Dort mußte er mit kleinen Gabelstaplern durch die Gegend fahren. Total sinnlos, fand er, und ging mit Blasen an den Händen noch am gleichen Nachmittag zum Chef und kündigte.

Am Tag danach bekam Per durch den Vater eines Freundes, der Vorarbeiter bei Fammarp war, einen neuen und besseren Job. Zusammen mit seinem Kumpel Pedda sollte er das Gewicht der Champignons, die die Mädchen im Laufe des Tages geerntet hatten, noch einmal nachwiegen. Es gab also ihn, Pedda und 360 Mädchen. »Den hübschesten Mädchen schreiben wir ein Kilo mehr auf«, schlug Per vor. Pedda nickte zustimmend.

Eigentlich war die Arbeit bei Fammarp gar nicht so dumm. Vor allem, als sich Per nach einiger Zeit den besten

»Ein Seemann liebt die Meereswogen...«

Die Landmusikanten Per und Pedda im Altersheim

Job unter den Nagel riß: Er wurde Fahrer. So konnte er meistens rumsitzen, Kaffee trinken und Pornoblätter lesen.

Es war Pedda, der Per das erste Mal Mats, auch MP genannt, vorstellte. Damals gingen alle drei noch zur Schule, Per und Pedda konzentrierten sich auf Gesellschafts-Kunde, und MP durchlief eine Ausbildung im Bereich Technik an der Kattegatt-Schule.

Per haßte alles, was Schule hieß. Vor allem nach den Jahren in der Oberstufe an der Engelbrekts-Schule, wo er manchmal gehänselt wurde, weil er ein Außenseiter war. Viele hielten ihn für arrogant und eingebildet. Er hatte langes Haar und kaufte sich lieber eine gebrauchte Stereoanlage als ein Moped. Aber ein paar Freunde hatte natürlich auch Per. Ken war ein Fan des englischen Fußballvereins FC Everton und Per von Leeds United. Sie spielten gemeinsam Fußballtoto und machten das auch noch, als Per nach Vilshärad umzog.

Der junge Gessle hatte keine Probleme, das zu lernen, was ihn interessierte. Englisch war sein bestes Fach. Und natürlich Musik. Aber besonders hier wurde er, obwohl er der Beste war, ausgelacht und bloßgestellt.

Man kritisierte ihn, weil er so gut war. Per verstand gar nichts mehr und verließ den Musikkurs, um statt dessen einen Zeichenkurs zu belegen.

Leider war es auch hier während des ersten Jahres, in dem er sich für die naturwissenschaftliche Linie in der Kattegatt-Schule eingeschrieben hatte, nicht besser. Er landete in einer Klasse voller Genies. Für eine Mathematik-Prüfung lernte er wie verrückt. Er bestand sie mit Ach und Krach, war aber zufrieden – bis er bemerkte, daß fast alle anderen alles richtig hatten und er selbst unter dem Durchschnitt lag.

Er zog die Konsequenz und verließ die Schule. Statt dessen begann er in Bingos Lebensmittelgeschäft für einen jämmerlichen Hungerlohn.

»Aha, hier bist du also letztendlich gelandet.« Per drehte sich um. Hinter ihm stand einer seiner alten Lehrer und beobachtete Per, der gerade einem Kunden Apfelsinen einpackte. Per konnte richtig die Verachtung in den Worten des Lehrers spüren und wurde fuchsteufelswild.

Er würde es ihm schon zeigen!

Schon ein Jahr später ging Per wieder auf die Kattegatt-Schule. Diesmal hatte er sich für Sozialwissenschaften eingeschrieben. Jetzt klappte es besser. Hier hatte er vor allem mehr Freunde: Rödholm, Ekberg, Jonas und natürlich Pedda.

Häufig saßen Per und Pedda während der Pausen im Korridor und spielten Gitarre – wenn sie nicht gerade die Schule schwänzten und sich in der Stadt rumtrieben.

Per kochte vor Weißglut, wenn der Klassenlehrer Erik Lundberg mal wieder in das Anwesenheitsbuch schrieb: »Per Gessle: War im Café Tempo beim Kaffeetrinken.«

Aber in der Facharbeit bekam er die beste Note. Gut durchdachte und formulierte 80 Seiten. Auf diese Arbeit hatte Per sehr viel Zeit verwendet, das merkte man sogleich. Kein Wunder: Thema der Arbeit war ja schließlich sein großes Idol, David Bowie.

Als Per das erste Mal von Pedda eingeladen wurde, seinen Übungsraum zu besuchen, erlebte er etwas, was er nie vergessen wird. Da war also Peter Nilsson, also Pedda, am Baß, Mats MP Persson am Schlagzeug und Martin Sternhufvud an der Gitarre. »Audiovisuellt Angripp« (Audiovisueller Angriff) nannten sie sich.

Per war begeistert. Eine Rockband zu haben, das war wie ein Traum. Bald war er im Übungsraum Stammgast. Es war toll, das Bier zu trinken, das Pedda organisiert hatte, Martins selbstgemachten Wein, der wie reiner Spiritus schmeckte, zu probieren und zuzusehen, wie MP versuchte, Fensterkitt zu rauchen.

Auch wenn Per und Pedda gemeinsam in eine Klasse gingen, so waren es doch Per und MP, die anfingen, gemeinsam zu komponieren und Songs aufzunehmen. Die Chemie zwischen den beiden stimmte einfach. Der kreative Ideenlieferant Per und das Musiktalent Persson, der nicht nur Trompete und Schlagzeug spielen konnte, sondern jetzt auch noch Gitarre, waren das ideale Paar. Aber als MP eines Tages den Vorschlag machte, Per in die Gruppe mitaufzunehmen, war es vorbei. Das war zuviel.

»Wir sind genug in der Band«, meinte Martin. Martin hatte schon vor längerer Zeit beschlossen, Rockidol zu werden, und da sollte nicht irgendein anderer Typ dazwischenfunken. Außerdem war Gessle zu gut. Martin hatte sich die Kassetten, die Per und MP aufgenommen hatten, angehört und sich heimlich darüber geärgert, daß alles so gut klang. Dies war das erste Mal, daß er Songs von Gleichaltrigen hörte, die so gut komponiert waren.

Die Zusammenarbeit zwischen Per und Mats wurde durch Martins Einspruch noch intensiviert. Am 19. Februar bildeten sie das Duo »Grape Rock« und begannen, Songs auf Pers Tonbandgerät aufzunehmen.

Es war im Sommer 1977. Hot Chocolate, KC & the Sunshine Band und Donna Summer standen ganz oben in den Charts. Und in der Discothek »Stranden«, in der Nähe von Östra-Strand in Halmstadt, verursachte eine bis dahin kaum bekannte Band Chaos bei ihrem ersten Auftritt außerhalb Großbritanniens, wo sie bereits auf der schwarzen Liste stand. Der Typ, der ins Mikrophon brüllte, hatte eine orangefarbene Stachelfrisur und Sicherheitsnadeln in den Wangen. Und als er »God save the Queen« schrie, war in dem kleinen Club der Teufel los. Der verrückte Sänger war kein geringerer als Johnny Rotten, und die Band hieß »Sex Pistols«. Die Punk-Welle hatte Schweden erreicht!

Per und MP gingen nicht in die Disco. Sie hatten genug damit zu tun, eigene Songs zu schreiben, Dr. Feelgood-Cover-Versionen aufzunehmen und die Tapes an die verschie-

Per und Pedda im Übungsraum

densten Leute und Schallplattenfirmen zu schicken. Doch für Per und MP gab es Grenzen. Natürlich beherrschte Mats die meisten Instrumente. Aber es gab immer Probleme bei den Aufnahmen, und Per und MP hatten außerdem das Verlangen, vor Publikum zu spielen.

Micke Keef Andersson aus Yggdrasil spielte Schlagzeug und wurde immer öfter zu Hilfe gerufen. Und als Mats seinen Freund Janne Carlsson, der in der glücklichen Situation war, ebenso wie Paul McCartney Linkshänder zu sein, fragte, ob er Lust hätte, Baß zu spielen, war die Band komplett.

Gyllene Tider (Goldene Zeiten) war eigentlich der Titel einer akustischen Instrumental-Nummer, aber weil dem Quartett kein besserer Name einfiel, nannte man auch die Gruppe so.

Jetzt hatten sie einen Namen und waren eine Band. Mit einem großen Problem: Sie hatten keine Instrumente. Und wo besorgt sich eine optimistische, aber arme Rock 'n' Roll-

Band ihre Instrumente? Natürlich in London. Gesagt, getan...

Doch so einfach war es dann doch nicht. Schon im Bahnhof von Halmstad gab's die ersten Probleme. Janne hatte den falschen Fahrplan gelesen und einen Zug ausgesucht, der überhaupt nicht fuhr. »Wer läßt sich von so einer Kleinigkeit die Laune verderben«, verteidigte sich Janne.

Die Rettung kam schnell. Pers Schwager Göran Loneberg und dessen Bruder Jan luden die ganze Gruppe in ihren weißen Taunus Kombi und chauffierten die vier nach Helsingborg. Von da nahmen sie den Zug nach Kopenhagen und dann den Flug nach London.

In der britischen Hauptstadt trafen sie auf Martin, Pedda und ein anderes Mitglied von MPs früherer Band, die alle schon vorausgeflogen waren. Die Abende verbrachten sie damit, sich Motorhead im Marquee Club anzuschauen. Und das eine oder andere Bier mußte während der praktischen Studien im Laufe des London-Besuches, der übrigens zufällig mit Königin Elizabeths Silberjubiläum zusammenfiel, auch dran glauben. Aber als Rockmusiker war man ja eher Anarchist und hatte nicht viel übrig für königliche Festivitäten. Per las lieber die letzten News über David Bowie, kaufte den Fotoband »Shooting Stars« und viele andere Bücher über seine Idole. Und Janne posierte vor einer grauen Mauer, die jemand mit den Worten »Sod the jubilee« vollgekritzelt hatte. War man Botschafter des Rock 'n' Roll, so mußte man sich natürlich auch so benehmen!

Es war der ehemalige Arbeitskollege Peppi, der ihnen das Musikgeschäft in London empfohlen hatte. Roundhouse Music Center hieß es, und damit sie es auch ganz sicher finden würden, verabredeten sie sich in der Rezeption des Milestone Hotels, in dem Peppi wohnte.

Es war Liebe auf den ersten Blick. Hier, im Roundhouse, verwandelten sich die fast erwachsenen Männer in kleine Jungs. Zu Hause in Halmstadt gab es nur den Halmstad

Musikhandel und Musikalien. Aber hier bogen sich die Regale nur so vor herrlichen Instrumenten und Zubehör. Hier gab es alles und sogar billiger.

Die Marshall-Verstärker, die Gitarrensaiten und Effektboxen wurden vom Regel genommen, als würde man seinen täglichen Einkauf im Supermarkt tätigen. MP kaufte eine Fender-Gitarre; denn auch Francis Rossis von Status Quo spielte auf einer, und Per kaufte eine Gibson Les Paul, das selbe Modell, das auch Jimmy Page von Led Zeppelin hatte.

Dann passierte die Geschichte mit dem Zoll.

Alle waren sich darüber einig, daß Einfuhrsteuern und Zollgebühren etwas absolut Unnötiges seien. Am Anfang klappte alles. Als die Fähre in Helsingborg anlegte, sollte Per mit seiner Gitarre durch den Zoll gehen, während die anderen mit Görans Auto das Schiff verlassen würden und dann Per später wieder zusteigen könnte. Keiner hatte jedoch mit den cleveren Zollbeamten gerechnet, die aus einiger Entfernung beobachteten, wie Gessle ins Auto einstieg.

War das womöglich Rauschgiftschmuggel? Die Zollbeamten schwangen sich sofort in ihren Einsatzwagen, und mitten in Helsingborg stoppten sie das Auto der Teenager. Rauschgift fanden sie nicht. Dafür aber eine Anzahl eingeschmuggelter Instrumente und eine Flasche Alkohol, die Per eher versehentlich mitgenommen hatte.

»Das habe ich von meinem Freund aus Dänemark geschenkt bekommen. Jörgen Christensen heißt er«, verteidigte sich Per in einem verzweifelten Versuch, seine Schätze zu retten. Natürlich existierte im gesamten Bekanntenkreis kein Jörgen Christensen. Die Instrumente wurden beschlagnahmt, und die Zollbeamten schickten mit versteinerten Gesichtern die ganze Meute nach Hause.

Nun war guter Rat teuer. Auch wenn es zum Rockimage einer jeden großen Popband gehörte, vom Zoll erwischt zu werden, war es doch nicht besonders lustig, auf so überraschende Art zu riskieren, daß sie all die teuren Instrumente, die sie von ihrer sauerverdienten Kohle gekauft hatten, verlieren sollten.

Ich muß etwas unternehmen, dachte sich Per und setzte sich hin und schrieb einen Brief an die Zollbehörde:

»Hallo! Ich bin einer der vier Jungs, die in der Nacht zum 8. August 1977 vom Zoll in Helsingborg erwischt wurden. Wir hatten Gitarren nach Schweden eingeführt, ohne dafür die schwedische Einfuhrsteuer zu zahlen. Der Grund für meinen heutigen Brief ist, daß während des sogenannten Verhörs wohl nicht alles so richtig erklärt wurde, weil wir alle unglaublich müde waren,« begann er. Dann fuhr er fort: »Wir diskutierten die Möglichkeit, die Instrumente nach Schweden einzuführen, ohne Zoll zu zahlen. Aber nie wären wir auf die Idee gekommen, daß man unsere Instrumente einfach beschlagnahmen würde.« Wobei Per das »nie« dick unterstrich. »Unsere Gitarren sind für uns viel mehr wert als die paar lumpigen Hunderter, um die es sich handelt. Wir sind eine hart arbeitende Musikgruppe, die noch nie zuvor mit dem Gesetz in Konflikt gekommen ist. Wir studieren alle und verdienen uns unser Geld durch harte Sommerjobs, und wir wissen (nun), daß wir uns schrecklich dumm verhalten haben und bedauern den ganzen Fall sehr.«

Per las den Brief noch mal durch und fügte dann noch hinzu: »Wir zahlen gerne, was sie wollen (Steuer und Strafe), aber wir müssen unsere Instrumente zurückbekommen. Danke!« Er unterstrich »müssen« zweifach und unterschrieb mit Per Gessle.

Tja, und tatsächlich – es half! Das Gericht von Helsingborg und die Zollbehörde empfanden nach diesem rührenden Bittbrief Mitleid mit den Jungs aus dem kleinen Harplinge und vergaßen für dieses Mal Gesetze und Paragraphen und schickten die Instrumente zurück.

Per, MP, Janne und Halling waren alle um eine Erfahrung reicher, aber um etliche tausend Kronen ärmer.

Musik als Befreiung

Ulla-Britt heiratete den Dänen Jesper und zog nach Jylland. Auf der Hochzeit in Östra Ljungby sangen Tina und Marie Beethovens »Lovsang«. Es war ein schönes Hochzeitsfest, aber es bedeutete gleichzeitig, daß eine weitere Schwester das Haus verließ.

Tina und Marie wurden jetzt noch unzertrennlicher als früher und teilten alle Erlebnisse. Sie waren ständig zusammen unterwegs, zuerst bei den Schulfesten in der näheren Umgebung, später in den Discotheken von Helsingborg, Bastad und Helsingör. Als Tina ihren Führerschein gemacht hatte, liehen sie sich für ein Wochenende Papas gelben Toyota und begannen, die Welt zu erkunden.

Wenn sie zu Hause waren, sangen und spielten sie immer noch häufig zusammen und experimentierten außerdem mit dem neuen Tonbandgerät der Familie. Sie nahmen die Top Ten der Hitparade auf und machten sich selbst zu Discjockeys, indem sie den »Sound on Sound«-Knopf drückten. Wenn sie später das Tonband abspielten, klang es so, als würden sie selbst die Musik präsentieren.

Marie begann die Oberstufe in dem Ort Klippan. Sie empfand die Fahrt dorthin fast wie eine Weltreise. Sie war gerade 13 geworden und hatte vor allem Neuen Angst. In der Schule von Klippan fühlte sie sich wie ein kleines, nichtswissendes Landmädel. Die anderen wußten alles, konnten

Was wird die Zukunft bringen...?

alles, kannten sich und machten jeden neuen Trend mit. Alles war anders als in Östra Ljungby. Klippan war ganz schön groß, fast wie eine richtige Stadt.

Zu Hause in Östra Ljungby war man die Königin, wenn man von der Schule aus Klippan zurückkam und den Jüngeren erzählen konnte, wie das Leben neun Kilometer entfernt war. Da gab es also eine ganz andere Welt mit ganz anderen Wertvorstellungen. Und Marie hatte es geschafft, Kontakt zu dieser neuen Welt aufzunehmen. Ihre Angst überwand sie schnell. Sie nahm all ihren Mut zusammen und schaffte es, akzeptiert zu werden. Jetzt waren nicht länger die Unterrichtsstunden das Wichtigste. Statt dessen hörte man in der Freizeit zusammen mit den anderen neue Platten. Deep Purple, Gentle Giant und Led Zeppelin waren ja auch viel interessanter als Mathe und Geschichte. Vielleicht war dies auch der Grund, warum Marie nicht auf das Musik-Gymnasium in Malmö wechseln durfte. Ihre Zeugnisse waren nicht gut genug.

Dabei hatte sie gemerkt, daß sie sich eigentlich am liebsten ganz der Musik widmen würde. Sie hatte die Musikalität des Papas im Blut, und vielleicht könnte sie eines schönen Tages einmal Gesangslehrerin werden. Aber nach wie vor träumte sie auch von der Theaterwelt. Musik oder

Theater, dort lag ihre Zukunft, zumindest in ihren Träumen.

Das, was sie am allerwenigsten interessierte, war Wirtschaftslehre. Trotzdem war es genau diese zweijährige Wirtschaftslinie, die sie wählte, als es Zeit wurde, aufs Gymnasium zu wechseln. Diese Wahl war eine Art Torschlußpanik. Alle mußten etwas tun, alle planten ihren weiteren Ausbildungsweg. Und nachdem Marie sowieso nicht das tun konnte, was sie am liebsten machen wollte und wofür sie das meiste Talent hatte, sollte es zumindest etwas Nützliches sein. Und so landete sie in einer Ausbildung, für die sie am wenigsten geeignet war.

Marie empfand das Gymnasium als eine Art Gefängnis. Schon nach zwei Monaten war sie fix und fertig. Das einzige, was sie davon abhielt, das Gymnasium zu verlassen, war der Schulchor. Es war ein großer Chor, der unter anderem auch Gospel-Lieder sang. Marie lebte förmlich auf, wenn der Chor vor Publikum auftrat.

Aber trotzdem hatte Marie genug von der Schule. Während der Sommerferien begann sie eine Ausbildung bei einem Gärtner in Ängelholm. Schnell merkte sie, daß Gartenarbeit sowohl kreativ als auch hart ist. Sie liebte den kreativen Teil der Arbeit und begann schon bald zu überlegen, ob sie nicht mit dieser Arbeit weitermachen sollte, anstatt das letzte Jahr in der Schule zu absolvieren. Aus reiner Verzweiflung hatte sie außerdem mit dem Ausbildungsberater der Schule Kontakt aufgenommen und bat um Hilfe.

»Kann ich nicht einfach versuchen, mich bei allen Musikschulen im Land zu bewerben?« fragte sie. »Helft mir doch! Ich muß hier weg!«

Und man half ihr. Marie durfte in der Volkshochschule von Svalöv vorsingen. Endlich durfte sie zeigen, was sie konnte! In Svalöv sollte eine ganz neue Musikausbildung für insgesamt acht Schüler angeboten werden.

Eines Tages lag ein Schreiben im Briefkasten, und dort

Ein großer Schritt nach vorn:
Maries Auftritt in der Volkshochschule in Svalöv

stand, daß Marie Fredriksson zur Probe aufgenommen wurde. Nun hieß es plötzlich Koffer packen, noch einmal Mutter, Vater und Tina umarmen und sich dann alleine auf den Weg zu machen. In Svalöv, ganz in der Nähe der südschwedischen Stadt Lund, warteten fünf Schüler im Schulgang auf die neue Mitschülerin.

Marie merkte schnell, daß sie hierhin gehörte. Nun durfte sie sich mit all dem beschäftigen, was sie am liebsten machte: Musik! Jetzt endlich bekam sie zu anderen Jugendlichen Kontakt, die genau wie sie eigene Musik machen wollten.

Die anderen Schüler merkten sofort, daß Marie eine ganz spezielle Gesangstimme hatte.

»Du kannst ja richtig singen!« bemerkten sie bewundernd.

Die Lehrer waren ebenfalls beeindruckt, und Marie bekam immer mehr Selbstvertrauen. Abends begann sie, immer kompliziertere Stücke zu komponieren. Marie begann, außer Rock und Pop auch andere Musik zu hören. Sie entdeckte Ella Fitzgerald, Bessie Smith und Billie Holiday. Bald begann sie auch selbst deren Lieder zu singen. Als sie damit anfing, hatte sie das Gefühl, sie müsse auch Jazz singen. Eine neue Welt hatte sich ihr eröffnet: Musik, die nicht von Anfang an durcharrangiert war, sondern die man auch improvisieren konnte. Sie hörte sich die Instrumentals von John Coltrane, Dave Brubeck und vielen anderen kreativen Jazzkünstlern an.

Aber Rockmusik war hier und jetzt. Sie war der »Pulsschlag der Zeit«. New Wave und Punk hieß, daß alle mitmachen und mitspielen konnten. Es klang vielleicht nicht immer schön, aber es war gut, neu und interessant.

Gemeinsam mit ihren neuen Freunden besuchte Marie häufig Konzerte, die in der Umgebung stattfanden.

Es war während eines Supertramp-Konzertes im Olympen in Lund, als Marie einen jungen Mann aus Halmstad kennenlernte. Er wurde von einem Freund aus der Musikschule vorgestellt, und sein Name war Stefan. Sie unterhielten sich lange und ausführlich und entdeckten viele gemeinsame Interessen. Sie blieben in Kontakt und telefonierten dann und wann. Als Marie sich Gedanken machte, was sie wohl machen sollte, wenn sie mit der Schule fertig war, schlug Stefan vor, daß sie nach Halmstad umziehen sollte. Marie war unsicher. Es wäre ihr am liebsten gewesen, wenn die Schule überhaupt nicht zu Ende gehen würde.

Und dann hatte sie nur noch wenige Wochen Zeit. Maries früheres Interesse fürs Theater bewog sie dazu, Kontakt zu Schülern des Theaterkurses aufzunehmen. Bald bemerkten diese, daß ihnen Marie dabei helfen konnte, Musik für die Stücke zu schreiben. Und zufällig war sie gerade in der Nähe, als der Schauspieler Peter Haber und der Regisseur Peter Oskarsson zu Besuch kamen, um Statisten zu suchen. Oskarsson arbeitete als Regisseur am Skanska-Theater und war dabei, »Maria aus Borstahusen« in Landskrona zu proben. Später wollte er mit dem Stück auf Tour gehen.

»Du da«, sagte er und zeigte auf Marie. »Hast du nicht Lust mitzumachen?«

»Ja, ich kann's ja mal probieren«, antwortete Marie unsicher. Aber die Unsicherheit war unbegründet. Es klappte so gut, daß sie sogar eine kleine Textrolle bekam.

Auf diese Art entdeckte Marie die Welt des Theaters und ging nach ihrem Schulabschluß mit auf Tournee. Diese Tour führte auch nach Stockholm ins »Söder Theater«. Es war Maries erster Besuch in der Hauptstadt, und sie fühlte sich klein und schreckhaft, als sie mit der U-Bahn zwei Stationen von ihrer für kurze Zeit gemieteten Wohnung zum Theater fahren sollte. Es war ein tolles Erlebnis, genau dort zu sein, wo alles passierte, und außerdem auf einer Theaterbühne stehen zu dürfen. Das Ganze wurde noch viel aufregender, als sie hörte, daß sich Staatspräsident Olof Palme unter den Premierengästen befand.

Als die Tournee zu Ende war, wollte Marie nicht wieder nach Östra Ljungby zurück. Sie war jetzt erwachsen und konnte sich selbst über Wasser halten. Außerdem wollte sie jetzt auf dem Gebiet, das sie interessierte, Zukunftsperspektiven finden. In Östra Ljungby gab es weder die Möglichkeit, musikalisch tätig zu werden, noch gab es ein Theater. Da beschloß sie, nach Halmstad zu gehen. Dort kannte sie immerhin Stefan, und der wiederum kannte andere, die mit Musik und Theater zu tun hatten. »Okay«, dachte sie. »Mal sehen, was in Halmstadt so alles passiert.«

Die Herzensbrecher

Pers Vater hatte leider nie Gelegenheit, die Erfolge seines Sohnes zu erleben. Er starb einen Tag, bevor der erste Artikel über die Band erschien. Mats Olsson schrieb ihn für Expressen. »Geht der schwedische Rock goldenen Zeiten entgegen?« hieß der kleine Artikel. Das war am 28. April 1978.

Kurt Gessle ging es immer schlechter. Im Jahr zuvor war er an Krebs erkrankt. Und tief in seinem Inneren war Per darauf vorbereitet, daß sein Vater früher oder später sterben würde. Aber daß es gerade jetzt passieren mußte... Per erlebte seine größte Tragödie und seinen größten Erfolg fast gleichzeitig, innerhalb von 24 Stunden. Es war eigenartig, eine Ironie des Schicksals.

Eigentlich hatte sich Kurt Gessle nie so richtig mit Musik befaßt. Als er jung war, hatte er ein bißchen Geige gespielt, aber das war auch schon alles. Er hätte es lieber gesehen, wenn Per einen soliden Beruf erlernt hätte und Handwerker geworden wäre, während die Mama immer gehofft hatte, daß der jüngste Sohn mal Pfarrer oder Kinderarzt werden würde.

Das einzige Lied, das Kurt hörte, war »En av dem där«. Aber das stammte noch von Grape Rock und nicht von Gyllene Tider.

»Ich finde nicht, daß das besonders gut klingt«, sagte Papa Gessle.

Natürlich hatte sich Per etwas mehr Begeisterung erhofft. Aber gleichzeitig wußte er, daß der Vater manchmal so starke Schmerzen hatte, daß er die ganze Familie bat, den Raum zu verlassen. In diesen Zeiten war es natürlich schwer, in Begeisterung auszubrechen, wenn Per mit der Elektrogitarre oder einem selbsteingespielten Demo-Band nach Hause kam.

Kurt sagte immer seine Meinung und stand auch dazu. Er war ehrlich und übernahm Verantwortung für Menschen und Dinge. Diese Eigenschaften respektierte Per besonders und wollte versuchen, sie zu übernehmen.

Per mit Studenten-Mütze und im Dylan-Shirt, kurz vorm Radio-Debüt

Dem Papa ging es immer schlechter, und die Familie konnte sich das Haus in Vilshärad nicht mehr leisten. Schon bald rollten wieder die Umzugswagen an. Kurt, Mama Lisa und Per zogen wieder in die Stadt, in die Hamiltonstraße in Söndrum.

Nach der Beerdigung von Kurt Gessle hatte Per viel um die Ohren. Der erste richtige Auftritt von Gyllene Tider, nebenbei noch die Schule, und obendrein wollten Mama Lisa und Schwester Gunilla eine eigene Boutique eröffnen. Lo-Liisa sollte sie heißen, und die beiden wollten dort Kunstgegenstände und Porzellan verkaufen. Per blieb gar keine Zeit zum Trauern.

Gyllene Tider machten es anders als die meisten Bands damals in Zeiten des Punks, die zuerst Instrumente kauften, dann kleine Auftritte machten und erst danach lernten, ihre Instrumente zu spielen. Nach dem Debüt-Song »Flicka av Guld« (Mädchen aus Gold), eine schwedische Coverversion von John Cales »Helen of Troy«, gelangte kein Ton aus dem Übungsraum, der im Stadtteil Kärleken lag, an die Öffentlichkeit. Erst als alles perfekt klang, gab man das Live-Debüt im Kino Reflex im Städtchen Getinge.

Am 12. Mai spielten Gyllene Tider vor ihren engsten Freunden und circa 50 weiteren Zuhörern. Per sang so falsch, daß einem die Ohren schmerzten. Und Micke kam bei einigen Songs ganz aus dem Takt. Aber es war immerhin ein Anfang...

Jetzt arbeiteten Gyllene Tider noch härter als zuvor und nahmen einige Songs auf, um sie verschiedenen Schallplattenfirmen anzubieten und zur Talentshow von Radio P 3, »Die Band schafft es«, eingeladen zu werden.

Programmchef Jacob Dahlin schrieb Per, daß das schwedische Radio Interesse hätte, mit der Gruppe eine halbstündige Show zu produzieren. Das war ein erster Lichtblick für Gyllene Tider!

Aber dafür war es um so schwieriger, die Schallplattenfirmen von den Qualitäten der »Gyllenen Tider« zu überzeugen. Die Briefe mit der Standardantwort »Wir haben Euer Material mit großem Interesse angehört. Leider haben wir jedoch keine Verwendungsmöglichkeit für Eure geplante Produktion« stapelten sich auf Pers Schreibtisch.

Besonders die Absage von Polar Music – unterschrieben von Björn Ulvaeus und Benny Andersson von ABBA (!) – fand Per bitter.

»Das geht so nicht. Wir müssen uns etwas anderes einfallen lassen, damit wir nicht irgendwo im Kassettenlager der Plattenfirmen verschwinden«, sagte Per. Dann hatte er einen Geistesblitz: »Wir spielen eine richtige EP auf Vinyl ein. Damit fallen wir aus dem Rahmen!«

Pers alter Arbeitskollege aus Fammarp-Zeiten, Peppi

Andreasson, wollte zusammen mit einem Kollegen ein eigenes Studio draußen in Kärleken eröffnen. Etwas Besseres konnte es kaum geben. Gyllene Tider hatten dort schon mal geprobt, als sie keinen anderen Übungsraum hatten. Jetzt kalkulierte das Studio CMP die Kosten für die Aufnahme der Platte.

»Pro Person kostet das ungefähr 1000 Kronen«, erklärte Peppi.

Das war es wert, darüber waren sich alle Bandmitglieder einig.

Gleichzeitig weitete Per seine Kontakte zu den Massenmedien aus. Bis jetzt hatte er nur engeren Kontakt zu Mats Olsson von Expresssen. An die Rock-Zeitschrift Larm schrieb er: »Der Grund, weshalb ich Ihnen schreibe, ist der, daß ich Ihnen etwas über Gyllene Tider, die beste schwedische Rockband des Jahrhunderts, berichten will.« Außerdem bezeichnete er sich selbst noch »als musikalische Null, die aber vor Ideen nur so strotze«. Den Brief beendete er mit den Worten »PS: Versprecht mir, von dem Band eine Raubkopie zu machen...«

Per bekam auch Kontakt mit der Zeitung Hallandsposten und schickte viele Briefe und kurze Berichte über Gyllene Tider »...die eine Ausrüstung im Wert von 50 000 Kronen besitzen und deren einziges Ziel es ist, schwedischen und unpolitischen Rock zu spielen«. Meist schloß er mit dem charmanten Satz: »Solltet ihr uns auf Seite drei vorstellen, laßt es uns wissen.«

Schüchtern war Per noch nie gewesen.

In der Nacht zum 8. Juli, als Gyllene Tider in der Sendung »Band gar vidare« vorgestellt werden sollte, saß Per im Haus seines Schwagers in Simslangsdalen und wartete auf das Zeitungsauto. Zum ersten Mal würde er jetzt endlich einen Zeitungsartikel über sich selbst lesen können. Jedesmal, wenn er glaubte, ein Auto würde sich nähern, sprang er auf. Es wurde Morgen, bis der Lieferwagen der Hallandsposten vor dem Briefkasten hielt. Aber als Per die Zeitung aufschlug, wußte er, daß sich das lange Warten gelohnt hatte.

»Wenn die EP gut wird, kann daraus vielleicht eine LP werden... Die Jungs kämpften und schufteten und bekommen jetzt vielleicht endlich ihren Lohn«, las er zufrieden.

Am Nachmittag jedoch gab es keine Gyllene Tider in der Radiosendung. Björn Borgs dritter Wimbledon-Triumph verschob das ganze Programm. Nachdem die Show bereits zwei weitere Male wegen des Davis-Cups und der Rad-Weltmeisterschaft verschoben wurde, war es endlich soweit –

Gyllene Tider 1978: Janne Carlsson, Mats MP Persson, Per Gessle und Micke Keef Andersson.

dachten alle. Aber als dem schwedischen Radio diesmal das Kunststück gelang, das Tonband zu verschlampen, begannen alle daran zu zweifeln, daß es noch jemals etwas werden würde. Ende September fand man das Band endlich wieder, und Gyllene Tider waren mit den Songs »Billy«, »Pornografi«, »Min vän«, »Bobo's Boogie« und »När alla vännerna har gatt hem« das erste Mal im Radio zu hören.

Es wurde ein langer Sommer für Gyllene Tider. Das CMP-Studio war in einer umgebauten Garage untergebracht, in der Nähe eines Bauernhofes außerhalb der Stadt. Hinter dem Studio graste das Vieh.

Die geplante EP-Produktion nahm jetzt Formen an. Die Band war sogar für Gestaltung und Druck des Plattencovers zuständig. Die Schallplattenhülle war gelb und zeigte einen Klassenkameraden mit Sonnenbrille, einer Flasche billigem Rotwein und einer dicken Zigarre. Per hatte das Foto aus den Bildern der letztjährigen Klassenfahrt ausgewählt. Erst im November war die EP mit den fünf Songs »Billy«, »Pornografi«, »När alla vännerna har gatt hem«, »M« und »Rembrandt« fertig.

Jetzt war Eile geboten. Per schickte die Platte an sämtliche Plattenfirmen und entwarf ein Plakat mit dem Werbetext: »Gyllene Tider haben nicht SEX, sondern fünf Lieder auf ihrer neuen EP. Kauf sie!«. Das Wort SEX wurde in großen Buchstaben auf rosa Din-A4-Papier gedruckt.

Eines Nachts schlichen Per, Janne und ein Freund heimlich durch Halmstad und tapezierten die Stadt und das südliche Halland (eine Art schwedisches »Bundesland«) mit diesen Plakaten. Eines davon, am wichtigsten Verkehrsrondell von Halmstad angebracht, wurde zu einer richtigen Verkehrsgefährdung, denn alle neugierigen Autofahrer versuchten zu lesen, was es nun mit SEX auf sich hatte, und fuhren deshalb ständig im Kreis.

Alle Tricks waren jetzt erlaubt. Sonst wäre er natürlich

auch nie auf die Idee gekommen, einen Leserbrief an die englische »Pop-Bibel« New Musical Express zu schicken und über eine außerhalb von Halmstad total unbekannte Band namens Gyllene Tider zu schreiben. Dieser Leserbrief unterschied sich von allen anderen – er war auf schwedisch geschrieben.

Das war so absurd und verrückt, daß Per ahnte, daß da was kommen würde. Dennoch war er überrascht, als er eines Morgens Cornflakes mit Bananen aß und dabei seinen eigenen Brief in der größten Fachzeitschrift der Popwelt las. Und damit nicht genug. Auf die unverschämt freche Frage, warum der NME noch nichts über die exzellente schwedische Gruppe Gyllene Tider berichtete habe, hatte die amüsierte Redaktion mit einer Antwort auf schwedisch-englisch-deutsch-norwegisch gekontert: »Lieber Per Gessle, Du hast weder uns Journalisten bestochen noch unserem Chef etwas zu Weihnachten geschenkt – deshalb haben wir noch nicht über diese Gruppe berichtet.«

Per war zufrieden, zog sich an und traf sich später mit seiner Band in der Stadt für eine Fotosession. Gyllende Tider ließen sich beim Überqueren des Köpmansgatans im »Abbey Road«-Stil fotografieren. In sein Fotoalbum schrieb Per äußerst selbstbewußt: »Golden Times doing an Abbey Road. Wer sind schon die Beatles im Vergleich zu Gyllene Tider?«

Das Weihnachtskonzert im Kino Reflex in Getinge und im Figarosaal in Halmstad näherte sich. Gyllene Tider durften da natürlich nicht schlechter abschneiden als die berühmten, großen Bands. Per setzte sich an die Schreibmaschine und schrieb ein 13seitiges Souvenir-Programm mit allen Songtexten, einem kurzen Steckbrief jedes Mitglieds und Infos über den Gyllene Tider Fan Club Europe (Mitgliedsbeitrag 500 Kronen im Jahr, außer für Jazz-Fans, die 2000 Kronen im Jahr bezahlen sollten).

Der Ruf von Gyllene Tider verbreitete sich. In Getinge,

drei Tage vor Heiligabend, bestieg ein bebrillter Junge mit seiner Band das erste Mal die Bühne, und gemeinsam spielten sie eine neue Version von »M« und »Gunga bra«, letzteres war eine Übersetzung des Songs »Rock Steady« von Bad Company. »Unser Freund Andy Immerfroh«, so stellte Per Anders Herrlin vor.

Aber auf einmal kam schlechte Stimmung in der Band auf. Deshalb war auch Per nicht mehr so enthusiastisch und euphorisch. Gyllene Tider mieteten ein Häuschen in Skintaby, einige Kilometer außerhalb von Harplinge, und bauten es zu einem Probenraum um. Aber es klappte einfach nichts mehr. Per und Bassist Janne waren richtige Dickköpfe. Janne ärgerte sich darüber, daß Per nie pünktlich war. Und Per war der Meinung, daß Janne nicht ehrgeizig genug war.

Per dachte immer häufiger an einen neuen Bassisten. Anders Herrlin hatte schon mal früher mit Micke in Tellus Anima zusammen gespielt und war auch bei der einen oder anderen Aufnahme von Per und MP dabei. Das hatte immer gut funktioniert. Anders kam auch aus Harplinge, und am Silvesterabend 1978 machte Per ihm ein Angebot. Doch Anders war sich nicht sicher. Er spielte ja immer noch bei Yggdrasil.

»Ich denke darüber nach«, versprach er.

Als Janne einige Tage später plötzlich nicht zu den Proben auftauchte, hatte Per genug. Es war nur eine Frage der Zeit, wann die Gruppe zerbrechen würde. Aber Per war auf der anderen Seite auch zu feige, um Janne einfach aus der Band zu werfen. Er mußte sich etwas anderes einfallen lassen. Einige Tage später klingelte bei einem Freund das Telefon.

»Ich bin bei Gyllene Tider ausgestiegen«, erzählte Per.

»Hah! Da glaub' ich eher an Rotkäppchen und den Wolf«, sagte der Typ am anderen Ende der Leitung. »Du verläßt doch nicht Gyllene Tider, wo ihr doch gerade dabei seid, endlich euren Traum zu verwirklichen und einen Plattenvertrag zu bekommen!?«

»Doch! Ich habe eine neue Band gegründet, zusammen mit Anders Herrlin am Baß und Göran Fritzson an der Orgel. Wir wollen uns ›Hjärtekrossaren‹ (Die Herzensbrecher) nennen.«

»Hjärtekrossaren« war eine freie Übersetzung der Heartbreakers, wie die Band des US-Rockstars Tom Petty hieß. Aber die Gruppe hatte noch keinen Schlagzeuger und Gitarristen.

Drei Tage später holten sie ihre Sachen aus dem Proberaum in Skintaby. MP und Micke schlossen sich Pers neuer Gruppe an und zogen in einen neuen Übungsraum, der im Keller der Schule in Harplinge lag.

Gyllene Tider hatten das Schiff gewechselt, und alle wußten das – alle außer Janne.

»Anders, ich habe gehört, daß du jetzt bei Gyllende Tider mitspielst.«

Die Zeitungsverkäuferin am Kiosk wußte eigentlich immer alle Neuigkeiten. Aber daß sie das ausgerechnet jetzt sagen mußte, wo Janne hinter ihnen stand. Micke und Anders sahen sich an und wären am liebsten auf der Stelle im Erdboden versunken. Nun wußte auch Janne, was los war. Die anderen hatten sich hinter seinem Rücken verabredet. Aber eigentlich war es Per, der die Fäden gezogen hatte...

Die Band Strul

Das Leben in Halmstad war eigentlich überhaupt nicht so, wie es sich Marie vorgestellt hatte. In der westschwedischen 80 000-Einwohner-Stadt grassierte Ende der siebziger Jahre die große Arbeitslosigkeit. Fabriken und Firmen machten dicht, den Angestellten wurde gekündigt, oder sie wurden in den Vorruhestand geschickt. Die Sozialdemokraten gaben der bürgerlichen Regierung die Schuld, und die Regierung schimpfte auf die Sozialdemokraten. Es war eine harte und schwierige Zeit.

Besonders für ein schüchternes Mädel aus Östra Ljungby, das im Frühjahr 1978 in die Stadt gezogen war und kaum einen kannte. Hier saß sie nun in dem Zwei-Zimmer-Apartment im Viktoriagatan, das sie gegen Stefans kleine Ein-Zimmer-Wohnung getauscht hatten, und versuchte sich die Zeit zu vertreiben, bis Stefan von seiner Arbeit bei Tempo (Kaufhaus mit Café) nach Hause kam.

Marie ging oft auf eine Tasse Kaffee ins Tempo. Sie merkte schnell, daß dies der Treffpunkt für alle arbeitslosen und schulmüden Jungs und Mädels war. Aber oft saß sie auch zu Hause und dachte an die Zukunft. Manchmal setzte sie sich auch an das große schwarze Piano und versuchte, einen Song zu komponieren.

Das Geld reichte nur fürs Nötigste. Sie hatten ständig Angst, daß Stefans Lohn und ihre Arbeitslosenunterstützung nicht bis zum Monatsende reichen würden. Manchmal jobbte Marie als Bedienung in dem Restaurant »Tre Hjärtan« (Drei Herzen), um die Haushaltskasse aufzubessern.

Es war gar nicht so einfach, ein volles Tablett durch das Lokal zu tragen, noch dazu in engem Rock und mit Pumps. Daß ihr Chef sie oft durch die Küchentür beobachtete, um zu sehen, wie sie ihre Arbeit machte, nervte Marie. Früher oder später würde ihr deswegen ein Mißgeschick passieren, das wußte sie. Und tatsächlich: Eines Abends servierte Marie einer wohlhabenden Dame das Abendessen. Als Dessert wollte sie einige Petits fours haben. Elegant ging Marie mit dem Kuchentablett auf die Dame zu, sah sich noch einmal um, um zu sehen, ob der Chef sie beobachtete – und stolperte! Die Kuchenstücke flogen auf den Fußboden, und Marie spürte, wie sich alle Blicke auf sie richteten, und hörte leises Lachen hinter ihrem Rücken. In ihrer Panik tat sie so, als sei nichts passiert und servierte der Dame den Kuchen. Die elegante Lady war so überrascht, daß sie zuerst ganz ruhig blieb, bevor sie dann in schallendes Gelächter ausbrach.

Marie wurde wegen des Zwischenfalls nicht entlassen, aber ihr wurde bewußt, daß der Bedienungsjob nichts für sie war.

Da erging es ihr während der kurzen Zeit als Lehrer-Assistentin in der Nyhems-Schule wesentlich besser. Oder als sie den schlimmsten Rowdys der Snötorps-Schule Musikstunden erteilen durfte.

Kein Job dauerte länger als ein halbes Jahr. Lange Zeit mußte sie von Arbeitslosenunterstützung leben. Sie war da keine Ausnahme. Viele ihrer Freundinnen und Freunde gerieten in den gleichen Teufelskreis. Ein Teil von ihnen resignierte und verfiel in eine Art Apathie, in der ein guter Rausch oder die Haschischpfeife zum Höhepunkt des Tages wurde.

Marie und Martin im Übungsraum in Sperlingsholm

Martin Sternhufvud war der erste, dem Maries Gesangstalent auffiel. Als die letzten Riffs der »Audiovisuellt Angrepps« und der »Svenssons AB« verhallt waren, gründete er mit Stefan (Schlagzeug) und Lelle Nilsson (Baß) von der Gruppe »Motorsagen« eine neue Band. »Strulpoikerna« war ein passender Name, darüber waren sich alle einig, und manchmal bekamen sie auch Verstärkung von zwei weiteren Freunden, Per Gessle und MP.

Martin und Marie hatten sich schon im vorigen Sommer kennengelernt, als sie zusammen mit Stefan beim Sex-Pistols-Konzert am Östra-Strand waren. Stefan hatte mal erwähnt, daß seine Freundin Marie gut singen konnte, aber Martin hatte sie nie singen hören.

Als Martin an der Tür klingelte, öffnete Stefan. Marie saß am Piano und sang ein Lied.

»Was ist das denn?« wunderte er sich, als er den Raum betrat.

»Ach, nichts Besonderes. Das ist nur etwas, was ich mir ausgedacht habe«, antwortete Marie schüchtern.

Martin merkte schnell, daß sie eine enorme Bereicherung für die Band sein würde.

»Nächstes Mal, wenn wir üben, mußt du unbedingt Marie mitnehmen«, sagte er zu Stefan. »Wir brauchen jemanden am Keyboard, und sie kann ja auch im Background-Chor singen.«

Marie kam ab und zu in den Übungsraum in einer alten Schule in Sperlingsholm und hörte zu. Eines Tages nahm sie all ihren Mut zusammen und stellte sich vor das Mikrofon.

»Wir versuchen es mal zusammen«, sagte sie.

Die Jungs waren happy. Von dem Tag an nannte sich die Band »Strul«. Strulpoikar (Jungs) konnten sie sich ja jetzt nicht mehr nennen.

Per und MP widmeten jetzt ihre ganze Zeit Gyllene Tider. Aber das eine oder andere Gastspiel gaben sie noch im Strul-Proberaum in Sperlingsholm. Bis dahin hatte Marie Per immer nur flüchtig gegrüßt. An einem Abend suchte sie eine Mitfahrgelegenheit in die Stadt.

»Du kannst mit mir fahren«, bot Per Marie nach der Probe an.

Auf der Fahrt in seinem alten orangefarbenen VW Passat sprachen sie über Gott und die Welt, und Per erzählte, daß ein gewisser Kjelle Andersson von der Plattenfirma EMI bei ihm angerufen habe. In engeren Kontakt kamen Per und Marie aber nicht.

Marie fand, daß Per ein eher »fader Typ« war, der immer noch zu Hause bei der Mutter wohnte und sich nicht besonders trendy kleidete.

Per hatte Marie schon mehrmals singen hören und fand ihre Stimme ganz gut, solange sie nicht wie Yoko Ono heulte. Aber wie Elizabeth Taylor sah sie nicht gerade aus, und die Lautstärke ihres Fender-Rhodes-Pianos war unerträglich hoch. Das klang krank. Außerdem trieb sie sich in Haschkreisen rum. Ziemlich gammelig, entschied er.

Am 12. Dezember 1978 gab es während des Lucia-Festes (schwedische Lichterkönigin) in der Kattegattschule zufällig eine Wiederauferstehung der »Strulpoikar«. Die gesamte alte Gang war dabei: Martin, Lelle, Stefan, Per, MP, Per Thornberg am Saxophon, Mats Finn an den Percussions und Pamma Smedlund an der Querflöte. Nur Marie fehlte, denn dieses Konzert war nur für die Schüler der Kattegatt-Schule gedacht.

Sie ging zehn Tage später aus reiner Neugier zum Weihnachtskonzert von Gyllene Tider – und war überrascht...
»Die spielen ja richtigen Rock 'n' Roll!« Das hatte sie nicht erwartet.

»Warum schreibst du keine Songs für die Band? Du kannst es doch«, schlug Martin eines Nachmittags vor. Er und Marie trafen sich immer öfter. Da er ebenfalls arbeitslos war, trafen sie sich tagsüber in Maries Wohnung, während Stefan arbeitete. Martin förderte Marie und gab ihr so viel Selbstvertrauen, daß sie wieder Songs schrieb.

Zuerst »Om du bara vill« (Wenn du nur wolltest) und dann »Det är svart att brytta upp« (Es ist schwer, sich zu trennen). Marie wurde für die Band immer wichtiger. Aber von der Sicherheit hinter ihrem E-Piano bis vor ans Mikrofon war es immer noch ein großer Schritt.

Die »Eiserne Lady« Margaret Thatcher wurde in England die erste weibliche Staatschefin Europas, und in Schweden gab es eine Volksabstimmung zum Thema Kernkraft.

Auf Marie wartete ein ganz anderes Ereignis: eine Konzertpremiere. Sie machte sich eigentlich kaum Gedanken darüber, bis der Termin vor der Tür stand. Auf einer Konzertbühne zu stehen, kann ja eigentlich nicht viel schlimmer sein, als auf einer Theaterbühne zu agieren, dachte sie.

Aber als sie sah, wie sich alle Sitzplätze in der Kattegatt-Schule langsam füllten, wurde sie immer nervöser. 400 Personen saßen in der Aula, und sie alle waren gekommen, um Strul zu sehen.

An das Konzert an sich konnte sich Marie danach kaum noch erinnern. Ohne den Blick auch nur einmal zu heben, starrte sie ununterbrochen auf die weißen und schwarzen Tasten ihres E-Pianos. Sie sang so gut, daß das Publikum danach stehend applaudierte und sie am nächsten Morgen von der Lokalzeitung gelobt wurde. »Strul schafften es – dank Marie«, stand da zu lesen.

Stolz schnitt sie den Artikel aus und verwahrte ihn.

Jetzt mußte man sich voll auf die Musik konzentrieren. Marie und Martin saßen zu Hause in der Wohnung am Viktoriagatan und schrieben neue Songs. Aber viele Auftritte gab es nicht. Vor allen Dingen nicht, weil sie nicht beim alljährlichen Alternativ-Festival mitmachen durften.

»Wir können doch selbst ein Festival auf die Beine stellen«, schlug Martin dann vor.

Die anderen in der Band sahen sich an. Alle wußten, wieviel Streß das geben würde. Und wieviel Ärger es bei einem Mißerfolg bedeuten könnte. Aber irgendwo war die Idee verlockend.

»Okay, wir versuchen es einfach«, nickten sie zustimmend.

Aber ein Festival ist ein Festival, und es müssen viele Zuschauer angelockt werden. Und damit viele Zuschauer kommen, mußte man gute Künstler verpflichten. Die Gruppe »Eldkvarn« sagte ab, ebenso Gyllene Tider, die mittlerweile in der Stadt schon sehr bekannt waren. Statt dessen sollte »Wasa Express«, die Martin und Lelle einige Wochen zuvor bei einem Auftritt in Falkenberg gehört hatten, kommen. Außerdem die Band »Sydkraft« aus Halmstad, die sogar noch vor Gyllene Tider einen Schallplattenvertrag bekommen hatte, sowie die »Boos Band«.

400 zahlende Zuschauer mußten mindestens kommen, um keine allzu großen Verluste zu machen. Strul hängten Plakate auf, schalteten Anzeigen in den Zeitungen und organisierten eine Verstärkeranlage. Sie arbeiteten und schufteten wie verrückt.

Das »Strul«-Festival wurde ein toller Erfolg und entwickelte sich sogar langsam zu einer Institution im Halmstader Musikleben.

Als man die Einnahmen des Festivals zusammenrechnete und die Ausgaben abgezogen waren, war gerade noch so viel übrig, damit jeder Band ihre Gage gezahlt werden konnte. Strul gingen dabei leer aus!

Im Herbst wurde es noch schwieriger, Auftritte zu bekommen. Jetzt gab es weder Festivals noch Open-Air-Konzerte, und so war man gezwungen, jedes kleine Angebot anzunehmen. Als der MC-Klub in Karsefors eine Band für ein Fest im Oktober engagieren wollte, stellten sich Strul zur Verfügung. Als Gage gab es Würstchen und Starkbier.

»Jetzt gibt es keine Würstchen mehr«, sagte der verärgerte Küchenchef, als er sah, daß alle Würstchen aufgegessen waren.

Für die Band war das kein Problem, denn jetzt stürzten sie sich aufs Bier. Jeder nahm sich eins. Und dann noch eins. Und noch eins. Schnell war die Kiste leer – dabei hatte das Konzert noch nicht mal begonnen.

Es wurde ein typisches Strul-Konzert. »Es klang einfach schrecklich, aber trotzdem waren wir alle gut drauf«, wie es Martin später ausdrückte.

Aber noch betrunkener als das Quartett auf der Bühne war das Publikum. Und das war vielleicht ein Glück.

Jetzt träumten Strul von Plattenverträgen, von dem großen Durchbruch. »Wenn Sydkraft und Gyllene Tider einen Schallplattenvertrag bekommen, dann werden wir es doch wohl auch schaffen«, meinten sie.

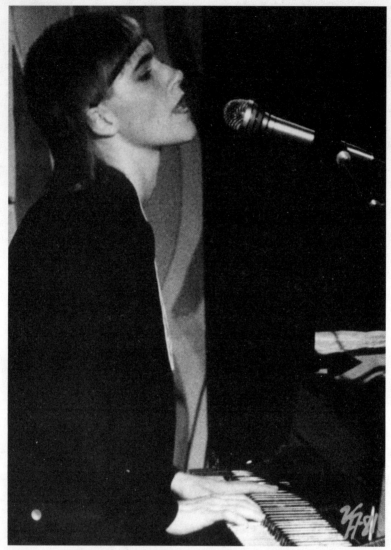
Marie, Spezialistin für Rock, Jazz und Theater

Leider waren die Schallplattenfirmen nicht dieser Meinung. Einige Demo-Bänder kamen nie zurück. Andere mit dem Standardbegleitschreiben, daß man zur Zeit keine Möglichkeiten sähe, die Band zu produzieren, daß die Musik zu chaotisch sei oder daß die Texte nicht ausgefeilt genug seien. Die großen Plattenfirmen Polar, Sonet, WEA, Nackswing und MNW glaubten nicht an Strul.

»Es hat keinen Sinn, Kassetten an die Plattenfirmen zu schicken. Die verschwinden bloß in der Masse. Wir müssen uns etwas anderes einfallen lassen«, meinten Stefan, Marie und Martin.

Mit neuen Songs, gestärktem Selbstvertrauen und mit der unerschütterlichen Überzeugung von der guten Qualität der Strul-Werke im Gepäck fuhren die beiden Arbeitslosen Marie und Martin nach Stockholm.

Aber ihre Begeisterung und die großen Hoffnungen wurden von gewissen Schallplattenbossen schon kurz nach der Ankunft in Schwedens Hauptstadt gedämpft.

»Was denkt ihr euch eigentlich? Glaubt ihr, man wird so mir nichts, dir nichts Popstar...?« lachte Ola Hakansson, der Ex-Sänger von Secret Service, der heute bei der Plattenfirma Sonet arbeitet.

Der Plattengigant WEA-Metronome erteilte Strul schon im voraus eine briefliche Absage:

»Stefan, leider muß Metronome der Gruppe Strul eine Absage erteilen. Ihr spielt ja eigentlich gar nicht schlecht und schreibt eigene Songs auf schwedisch, aber leider sind wir nicht hundertprozentig von Euch überzeugt. Wir wünschen Euch trotzdem viel Glück!«

Marie und Martin begriffen, daß es noch einiger Anstrengungen bedurfte, die mächtige Musik-Mafia zu überzeugen.

Durch Stefan lernte Marie Maggan Ek, Ika Nord, Uffe Andreasson und die restliche Halmstad-Gang kennen. Zuerst traf man sich und plauderte über alles mögliche im Café Tempo. Oder man traf sich in der Disco Club 21. Nachdem diese Leute fast alle beim Theater waren und Marie ja sogar mit dem Skanska Theater auf Tournee war, fragte sie Maggan eines Tages, ob Marie die Musik zu einem Theaterstück schreiben könnte.

In diese Richtung hatte Marie vorher noch nie gedacht. Aber es klang verlockend. »Attraktiva Attityder« hieß das erste Stück, und Marie bekam selbst auch eine kleine Rolle. Musik zu einem Theaterstück zu schreiben war etwas ganz Neues. Manchmal waren es kleine Lieder, die zur Handlung paßten, manchmal nur musikalische Untermalung.

»Flashback« hieß das zweite Stück. Aber das lustigste war »Trollte i underjorden« (Der Troll im Untergrund). Marie schrieb die Songs – und spielte in dem Stück sogar die Trollmutter. Ihr Kostüm wirkte so echt und gruselig, daß einige Kinder anfingen zu weinen, sobald Marie die Bühne betrat.

Marie hatte sich im Januar für Erwachsenen-Kurse in Sozialkunde in der Sannarps-Schule eingeschrieben. Das war auf jeden Fall besser, als immer nur arbeitslos zu sein, hatte sie sich überlegt. Und außerdem bekam sie so Studentenbeihilfe. Eines Tages forderte die Lehrerin die Studenten auf, über ihre Zukunftsträume zu sprechen.

Als Marie an die Reihe kam, antwortete sie: »Ich will irgend etwas mit Musik machen. Sängerin werden oder so.«

»Aber was machst du dann auf dieser Schule?«

»Ich bin hier, um mir die Zeit zu vertreiben und um etwas zu lernen«, antwortete Marie.

»Aber von der Musik kannst du doch nicht leben. Du mußt doch eine richtige Ausbildung machen«, gab die Lehrerin zu bedenken.

»Ist mir egal, ich will etwas mit Musik machen«, beharrte Marie.

Als Bertil Frisk und einige Mitglieder der Nizzan Jazzband Marie im Stück »Attraktiva Attityder« hörten, waren sie begeistert. Welch eine Stimme! Das Talent dieses Mädchens darf einfach nicht verlorengehen.

Marie fühlte sich geschmeichelt, als sie die Jazz-Musiker baten, für sie zu singen. Seit sie Svalöv, Coltrane und Ella Fitzgerald das erste Mal hörte, hatte sie ein besonderes Verhältnis zum Jazz. Und jetzt bekam sie die Chance, Jazz zu singen.

Es dauerte nicht lange, bis eine tiefe Freundschaft zwischen ihr und den anderen Bandmitgliedern entstand. Das kleine Mädchen mit der großen Stimme gewann mit seinem Charme und seiner Schüchternheit sofort die Herzen der Jazzer.

Sie spielten viele Konzerte in schwedischen Städten und hatten auch einige Auftritte im berühmten Stockholmer Jazz-Club Stampen, aber es war ein Konzert in Halmstad, bei dem Marie ihre bisher höchste Gage bekam: 300 Kronen (knappe 100 Mark) und einige Freibier. Das war viel Geld für ein arbeitsloses Mädchen, das ständig davon träumte, einmal mit Musik genug Geld zu verdienen, um davon leben zu können!

Die Mädchen von TV 2

Es war an einem kalten Februartag im Jahre 1979, als bei Per zu Hause das Telefon klingelte.
»Hier ist Kjelle Andersson von EMI in Stockholm. Ich möchte gerne Per Gessle sprechen«.
»Ich bin dran«, antwortete er.
»Ich habe eure EP gehört und finde sie ganz gut. Vor allem der Song ›Billy‹ gefällt mir, und da habe ich mir gedacht, wir sollten uns mal unterhalten.«
Per merkte, wie es in seinem Magen vor Freude kribbelte, aber natürlich ließ er sich das nicht anmerken. Abends erzählte er den anderen Bandmitgliedern im Übungsraum davon. Es waren erst drei Tage vergangen, seitdem sich die Band neu formiert hatte.
Das Gespräch mit Kjelle Andersson bedeutete, daß der Schallplattenvertrag so gut wie sicher war. Aber jetzt ging die harte Arbeit erst los. Kjelle gefielen vor allem die Texte mit den frechen Wortspielen. Das bewies Per, daß er auf dem richtigen Weg war und daß er sich zu Recht viel Mühe beim Texten von witzigen Reimen machte. Während die anderen Bands in der Stadt sich auf endlosen Symphonie-Rock konzentrierten, ließ sich Per eher von den Beatles, Creedence Clearwater Revival, Led Zeppelin und David Bowies »Ziggy Stardust« inspirieren als von Yes und Pink Floyd.
Als Per die fertige Demo-Kassette an Kjelle Andersson

schickte, schrieb er: »Hier kommen zehn neue Songs und eine extra Nummer. Die paßt eigentlich nicht zu den anderen, aber du solltest mal reinhören.«

Kreativität war Per sehr wichtig, doch der Song »Flickorna fran TV2« war für ihn persönlich nur zweite Wahl. Da gefielen ihm »Sjömän« (Seeleute), »Ska vi älska sa ska vi älska till Buddy Holly« (Wenn wir uns lieben, dann nur zur Musik von Buddy Holly) und sein Lieblingssong »Revolver upp« wesentlich besser.

Lasse Lindbom war mit seiner Band auf Tournee und hatte am Abend zuvor in Mjölby gespielt. Jetzt hatte er einen ordentlichen Kater und checkte in das Hotel Hallandia in Halmstad ein. An der Rezeption wartete Per auf das schwedische Rockidol.

»Hallo«, sagte Per und war ziemlich nervös.

Lasse hatte von Kjelle eine Kassette mit den Songs von Gyllene Tider bekommen und war beauftragt worden, nach Halmstad zu fahren und sich die Gruppe mal anzuschauen. »Flickorna pa TV2« und »Himmel No. 7« waren ganz ungewöhnliche Ohrwürmer. Aber Lasse war noch immer nicht ganz überzeugt, was Pers Stimme betraf.

Im Übungsraum in Harplinge waren nicht nur die anderen Bandmitglieder versammelt, sondern auch noch ein paar Freunde. Schließlich kam nicht jeden Tag ein Popstar aus Stockholm vorbei. Total beeindruckend!

Lasse hatte schon bald einen guten Draht zu den Teenagern. Er fand Per, MP, Anders, Micke und Göran in Ordnung. Sie konnten spielen, und von den neuen Bands waren sie sicher eine der besseren, dachte Lasse.

Im Sommer zogen Per und seine Mutter mal wieder um. Diesmal waren sie von Hamiltons Väg in Söndrum in den Bildhuggarevägen nach Bäckagard gezogen.

Per begann jetzt allen zu zeigen, was »Styling« hieß. Rod

Die ersten Proben mit der neuen Band

Stewarts Platte »Blondes have more Fun« gab den wesentlichen Anstoß. Schon seit einigen Jahren trug er nun statt dicker Brillengläser Kontaktlinsen. Jetzt wollte er blond werden. Das würde für großes Aufsehen sorgen.

Doch das große Problem war, daß Pers Haare bereits gefärbt waren, nämlich kohlrabenschwarz. Die Farbe mußte erst mal raus, bevor man die Haare bleichen konnte. Nach der halben Prozedur war das Haar knallgelb!

»Keine Angst, das bleichen wir noch mal«, beruhigte die Friseuse den geschockten Per Gessle.

Als Per nach Hause kam, bekam seine Mutter einen Schock.

»Per, was hast du bloß mit deinen Haaren gemacht? Du siehst aus wie ein Hund«, rief seine Mutter entsetzt.

Jetzt war sich Per doch nicht mehr so ganz sicher, ob er nicht etwas zu weit gegangen war. Aber etwas Rückendeckung gaben ihm dann doch seine Freunde, die am Nachmittag vorbeikamen. Sie waren sich alle einig, daß die Frisur frech und außergewöhnlich war.

Im EMI-Studio, einem ehemaligen Kino bei der U-Bahn-Station Skärmarbrinks südlich von Stockholm, regierte das Produzenten-Team Palmers/Norén. Daher mußten sich Lasse Lindbom, der Studiotechniker Björne Boström und Gyllene Tider schön brav in das winzige Studio 2 im Keller verziehen, als sie im August die Platte aufnehmen wollten.

Aber für die fünf jungen Helden war es eine neue, wunderbare Welt, voller Technik, Aufnahmegeräten und einem 24-Spur-Mischpult.

Das Quintett war am Tag zuvor mit frischgestärktem Selbstbewußtsein in ein Mehrbettzimmer ins Hotel Mornington gezogen. Denn vor ihrer Abreise aus Halmstad hatten sie noch ein großes Gratis-Konzert gegeben, zu dem fast 1000 Fans gekommen waren. Das mußte gefeiert werden.

Lindbom lud die Band in die Nobeldisco Atlantis ein, die dann auch die Stamm-Discothek der Gruppe wurde, obwohl Göran eigentlich nicht reindurfte, weil er noch zu jung war. »Ich kenne Lasse Lindbom« – dieser Satz reichte normalerweise, um sich Eintritt zu verschaffen.

»När ni faller faller ni hart« (Wenn ihr fallt, dann fallt ihr hart) hieß das erste Lied, das eingespielt wurde. Lasse merkte schon sehr bald, wie die Rollen innerhalb der Band verteilt waren. Per traf die Entscheidungen, da gab es keinen Zweifel, und Mats war der musikalische Motor.

Nach acht Wochen war alles eingespielt und fertig abgemischt. Inklusive »Flickorna pa TV 2«, dem Song, der die B-Seite der Single »Himmel No. 7« werden sollte, und »24. December«, der in Zusammenhang mit der Weihnachts-LP »Glitter, glögg & Rock 'n' Roll« (Glitter, Punsch und Rock 'n' Roll) erscheinen sollte und die erste Gyllene-Tider-Platte mit dem klassischen Parlophon-Ettikett (Vorgänger auf diesem Label waren u. a. die Beatles!) wurde.

Die Veröffentlichungsparty für die Weihnachts-Platte Ende des Jahres war der Grund für den nächsten Stockholm-Besuch. Lasse Lindbom hatte gute Kontakte zum Discjockey der Disco Village und gab ihm eine Gyllene-Tider-Kassette. Sie kam toll an. Jetzt sollte die Band erstmals in der schwedischen Hauptstadt auftreten.

Die Atmosphäre im Hemvärnsgarden in Aled war mit Blumentapeten an den Wänden so weit vom Rock 'n' Roll entfernt, wie man es sich nur vorstellen konnte. Die Songs aber saßen, und das war die Hauptsache.

Es wurde eine wilde Nacht. Der Discjockey wurde 30. »Robban« Ernlund, später Sänger der Heavy-Band Treat (»World of Promises«), machte einen tollen Sound und gutes Licht. Um drei Uhr gingen die Bandmitglieder von Gyllene Tider – stark berauscht – noch mal auf die Bühne und spielten die Lindbom-Nummer »Kom och värm dig« (Komm und wärme dich).

Das eigentliche Konzert am früheren Abend hatte ziemlich lasch begonnen. Das verwöhnte, ja leicht versnobte Großstadt-Publikum zeigte keine besondere Reaktion. Erst als Gyllene Tider ihren Kult-Song anstimmten, tobten die Zuschauer. Jetzt erst merkten sie, wie heiß diese fünf etwas heruntergekommenen Jungs waren. Der Song, der alle Ausflippen ließ, war »Flickorna pa TV 2« – und es sollte nicht mehr lange dauern, bis in ganz Schweden das Gyllene-Tider-Fieber ausbrach und die Jungs aus Halmstad zu Hitparadenstürmern wurden, die überall Menschenansammlungen und Fan-Hysterie verursachten, wo immer sie auftraten...

MaMas Barn

Es gab plötzlich Probleme in der Band. Die Probenabende reduzierten sich zusehends, und es gab kaum Auftritte. Mit dem eigenen »Strul«-Festival (mit der Lasse-Lindom-Band und Ake Nillson als Hauptattraktionen) hatte man zwar viel Arbeit gehabt, aber finanziell kam nichts dabei rüber. Es gab im Anschluß zwar den einen oder anderen Auftritt im Errolls in Göteborg, aber die Gage betrug nach Abzug aller Unkosten nur knapp 20 Kronen.
    Lediglich Marie war gut beschäftigt. Theater, Jazz und das Studium an der KomVux nahmen ihre ganze Zeit in Anspruch. Sie war fast nie zu Hause, wenn Stefan von der Arbeit kam. Die beiden begannen sich auseinanderzuleben.

Martin ging es schlecht, nachdem er sich sehr stark engagiert hatte, einem seiner besten Freunde aus einer schweren Lebenskrise zu helfen. Auf einmal fühlte er sich ausgebrannt und geriet selbst in eine Krise. Es war für ihn plötzlich nicht mehr das Wichtigste im Leben, Rockstar zu werden. Marie half ihm und stand ihm bei. Und das, was anfangs nur eine normale Kameradschaft war, wurde nun zu einer tiefen Freundschaft.
    Martin geriet in Panik. Er wußte, daß, wenn die Beziehung zwischen Stefan und Marie zerbrach, dies auch das Ende von »Strul« bedeutete. Die Gefühle ließen sich nicht

steuern, und im Dezember brach die Gruppe endgültig auseinander. Marie und Martin wurden ein Paar.

Knapp drei Monate waren nun nach Auflösung von Strul vergangen.

»Weißt du, was passiert ist?« fragte Martin begeistert eines Nachmittags Marie, als sie gerade von der Schule nach Hause kam. »Das Fernsehen hat angerufen, sie wollen uns bei einer Fernsehshow dabeihaben.«

»Aber wir haben doch keine Gruppe mehr«, gab Marie zu bedenken.

»Stimmt, aber das ist doch eine Riesenchance! Wir müssen die Gruppe wieder zusammentrommeln«, meinte Martin. Die Produzentin der Fernsehsendung »Rockcirkus«, Helen Almquist, hatte angerufen. Die Show sollte im Sommer gezeigt werden.

Welche Mitglieder waren denn denkbar? Marie und Mar-

Der erste TV-Vertrag

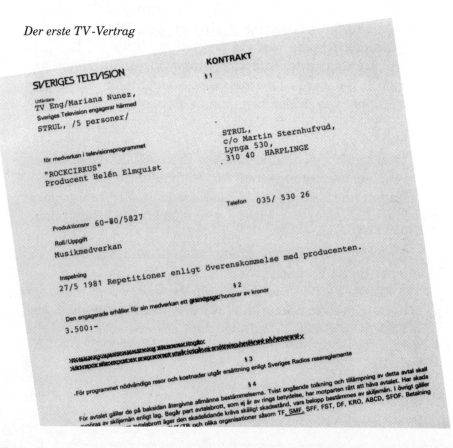

tin setzten sich aufs Sofa und überlegten. Stefan war undenkbar, Lelle ebenso. Peter Nilsson könnte für Lelle am Baß spielen. Aber wer noch?

Martin erinnerte sich an das letzte Alternativ-Festival und an zwei Jungs, die damals mit der Band »Sanslösa« auftraten. Nisse Noise, der Schlagzeuger, trieb sich meist in Göteborg rum, wenn er nicht gerade auf dem Fährschiff Varberg-Grena auftrat. Er war bereit, sich der Gruppe anzuschließen. Und Bosse Söderström, der Gitarrist, sagte sofort zu, als Martin anrief.

Jetzt überschlugen sich die Ereignisse. Alles, von dem sie geträumt hatten, für das sie gearbeitet und geschuftet hatten, schien jetzt wahr zu werden. Die Band bekam für den »Rockcirkus« 3500 Kronen (ca. 1000 Mark) und eine weitere Chance im Fernsehen – einen Auftritt in der Show »Fritt fram«. Die langersehnte Single »Ki-i-ai-oo/Strul igen« erschien im Juni, und die Band fand auch sofort einen Proberaum. Alles lief wie am Schnürchen. Und wie der Zufall es wollte, probten sie Wand an Wand mit Gyllene Tider im Keller der Schule von Harplinge.

»Im Fernsehen aufzutreten bedeutet, daß ihr mindestens 2000 Schallplatten mehr verkauft«, hatte »Nachbar« Gessle ihnen erzählt.

Doch Maries große Freude wurde sofort gedämpft – durch einem schweren Schock: Der Anruf aus Östra Ljungby war verheerend. Es war Schwester Tina, die Marie schonend beibringen mußte, daß der Vater unerwartet einer Herzattacke erlegen sei. Marie war wie gelähmt vor Verzweiflung.

Ihr Vater war es, der sie immer motiviert und aufgebaut hatte, wenn es mal nicht so gut lief. Jetzt war er tot und konnte nicht einmal mehr Maries Fernsehpremiere miterleben.

Es dauerte einige Zeit, bis sich Marie von diesem schweren Schock erholte. Nach dem plötzlichen Tod des Vaters erschien ihr die Musik auf einmal nicht mehr so wichtig, aber das Leben mußte weitergehen. Irgendwie war sie sicher, daß es dem Vater recht gewesen wäre, wenn sie sich auch weiterhin auf die Musik konzentrieren würde.

Strul hatten jetzt relativ viele Auftritte und veranstalteten ein drittes Festival. Ein großer Schritt für Marie; denn nun wagte sie es zum ersten Mal, den »sicheren« Platz hinterm Piano zu verlassen und sich vorn ans Mikrofon zu stellen und zu singen.

Leider funktionierte es musikalisch nicht gut.

Deshalb wollte Martin auch nicht mitmachen, als es einen Monat später darum ging, ob man bei »Pop Around the Clock« im Volkspark auftreten solle. Außer Martin wollte keiner in der Band die größte Rock-Gala in Halmstad versäumen.

Die Zwölf-Stunden-Gala des Musikvereins Nalle Puhs im September 1982 wurde ein großer Erfolg. Fast 3000 Leute kamen, um zwölf Bands zu sehen. Das Konzert stellte einen neuen Rekord auf: Fünf Bands bekamen danach einen Schallplattenvertrag, und die Popzeitschrift Schlager brachte mehrere Seiten über die Musikszene der kleinen Stadt an der Westküste Schwedens. Halmstad war wieder mal »das schwedische Liverpool«.

Strul war die einzige Gruppe, die nach »Pop Around the Clock« nicht zufrieden war. Drummer Nisse hat Timing-Probleme, fand Martin, und der Sound war alles andere als harmonisch.

»Verdammt! Was hab' ich euch gesagt? Wir hätten nicht mitmachen sollen«, schrie Martin erbost, als er die Garderobentür hinter sich zuschlug.

Es wurde mucksmäuschenstill in der Garderobe. Martin und Marie sahen sich an. Sie wußten, daß das Kapitel Strul beendet war – zum zweiten Mal.

»Was sollen wir jetzt machen?«

Martin und Marie standen wieder ohne Band da, dabei wollte CBS mehr Demobänder haben und zeigte Interesse. Das Duo brauchte deshalb dringendst neue Musiker.

»Wir können ja mal Anders und Micke von Gyllene Tider fragen«, schlug Marie vor.

»Glaubst du wirklich, daß die Zeit haben?« überlegte Martin.

Am nächsten Abend fuhren sie zum Übungsraum und fragten ihre »Nachbarn« Anders Herrlin und Micke Andersson.

»Aber klar, wir helfen«, antwortete die Rhythmus-Abteilung von Gyllene Tider spontan.

Martin rief bei CBS an:

»Eigentlich hat sich unsere Band aufgelöst, aber Marie und ich machen weiter. Wir nennen uns jetzt MaMas Barn. Ist es okay, daß wir ein paar andere Musiker dazunehmen?«

»Kein Problem, wir können euch Studiomusiker zur Verfügung stellen«, war die Antwort.

»Nein, das braucht ihr nicht. Wir haben schon eigene organisiert«, erwiderte Martin.

Seit einigen Monaten wohnten Marie und Martin in der kleinen Gemeinde Steninge, außerhalb von Halmstad.

Marie hatte die Schule beendet und mußte sich mal wieder mit Arbeitslosenunterstützung finanziell über Wasser halten. Ab und zu arbeitete sie im Kindertagesheim in Steninge. Wenn die Finanzen es zuließen, wurde viel gefeiert. Keiner sorgte sich besonders um die Zukunft.

Die Musik war Martins und Maries Rettung. Sie verhinderte, daß die beiden während dieser Zeit den Halt verloren und sich gehenließen.

An dem Tag, an dem sich MaMas Barn und CBS nicht über die Single einigen konnten, waren sie total frustriert und betranken sich sinnlos. Aber schon am nächsten Tag rief ein Typ namens Finn Sjörberg von WEA an und ver-

MaMas Barn im Rockclub Ritz

kündete, daß er CBS die Rechte an MaMas Barn abgekauft hatte und mit der Gruppe eine Platte aufnehmen wolle. Da gab es eine riesige Fete.

»Stell dir vor, eine LP!« Martin war ganz euphorisch. Martin und Marie schrieben einen Song nach dem anderen. MaMas Barn wollten der Band im Proberaum nebenan beweisen, daß sie auch was konnten. Martin durfte sich für die Schallplattenaufnahme eine von Pers Gitarren ausleihen. Aber ein bißchen Konkurrenz gab es zwischen den beiden Bands doch. Obwohl Gyllene Tider schon wesentlich erfolgreicher waren.

Marie war damit beschäftigt, sich auf die MaMas-Barn-Platte zu konzentrieren. An einem Abend im November entdeckte sie eine Kassette auf ihrem Piano. Per hatte sie zusammen mit einer kurzen Nachricht hingelegt. Er wollte, daß Marie einen Song mit Gyllene Tider aufnahm. Marie fühlte sich geschmeichelt, von Schwedens mittlerweile berühmtester Popband um Hilfe gebeten zu werden. Sie sagte zu und stand jetzt plötzlich im Studio 38 in Getinge. Der Song, den sie singen sollte, hieß »Ingenting vad du behöver« und war als Bonus-Single für die Zeitschrift Schlager gedacht.

Es war das erste Mal, daß Per und Marie zusammen sangen!

Aber sicher nicht das letzte Mal, dachten beide insgeheim, weil es so gut funktioniert hatte.

Die Plattenaufnahmen im WEA-Metronome-Studio in Stockholm im Frühjahr 1982 wurden für Martin und Marie ganz anders als erwartet.

»Du machst keinen sehr zufriedenen Eindruck«, sagte Marie, als sie sich nach dem Abmischen in einer Kneipe zusammensetzen.

Martin hätte am liebsten geheult. So hatte er es sich nicht

vorgestellt. Er schämte sich jetzt, daß er und Marie sich am Anfang zu sehr den Wünschen der Plattenfirma angepaßt hatten und jetzt unter dem unbequemen Kompromiß litten. Martin war mit dem Sound nicht zufrieden, aber er war machtlos gegenüber der Plattenfirma.

»Barn som Barn«, wie die LP hieß, erschien und erhielt überraschend gute Kritiken, verkaufte aber nur knapp 1000 Stück.

Es war März 1983. Jetzt krachte es auch zwischen Martin und Marie. Beide hatten einen Dickschädel und immer öfter verschiedene Ansichten. Am Schluß ging es nicht mehr. Aber obwohl zwischen den beiden Schluß war, ging es mit MaMas Barn noch weiter.

»Wir können ja trotzdem noch eine Single machen – so wie wir es uns vorstellen. Entweder funktioniert es, oder wir trennen uns«, schlug Martin vor, als sie grünes Licht für eine weitere Platte bekamen.

Er wußte, daß sich Marie von ihm entfernt hatte, um etwas Eigenes zu machen, und er versuchte sie zu stoppen. Aber Maries Solopläne waren nicht mehr aufzuhalten.

Marie wollte selbständiger werden, auf eigenen Beinen stehen und eine Solokarriere starten. Sie nahm sich eine Wohnung im Halmstader Stadtteil Rotorp und wollte erst mal ihr Leben in Ordnung bringen. Sie wollte einfach erwachsen werden.

Marie und Martin hatten fast ein Jahr lang keinen Kontakt. Die Wunde mußte erst verheilen, aber als Marie grünes Licht für eine Solo-Platte bekam, rief sie prompt Martin an.

»Hast du Lust, einen Song für meine LP zu schreiben«, fragte sie. Martin wollte. Er schrieb »Jag ska ger allt«, und für das Geld, das er dafür bekam, konnte er nach Amerika reisen. Er blieb ein halbes Jahr dort, reiste herum und verdiente sich mit einigen kleinen Jobs ein bißchen Geld, bevor er wieder zurückkehrte, eine Familie gründete und einen Job im städtischen Krankenhaus annahm.

Der große Durchbruch blieb ihm verwehrt – der Song »Jag ska ger allt« war sein größter Erfolg.

Gyllene Hysterie
(Goldene Hysterie)

Plötzlich war Gyllene Tider die Band der Stunde, und ihr Song »Flickorna pa TV 2« ging keinem mehr aus dem Kopf. Selbst Pink Floyds Mega-Hymne »Another Brick in the Wall« konnte in den schwedischen Hitparaden nicht gegen die Shooting Stars aus Halmstad ankommen.

Catrin Jacobs und die anderen Fernseh-Ansagerinnen, eben die »Mädels von TV2« (wie der Songtitel übersetzt heißt), ließen sich liebend gern zu all dem Wirbel befragen. Durch diesen Song, der tagtäglich im Rundfunk gespielt wurde, erlangten auch sie große Popularität.

Kaj Kindvall, der berühmte Radiomoderator, nannte Per Gessle immerzu »Jessle« und wunderte sich, daß im Sender 400 Stimmkarten von Hörern aus Halmstad eintrafen, die alle Gyllene Tider hören wollten.

Das kam so: Per hatte einen großen Karton Postkarten aus der Konkursmasse des Buch- und Papiergeschäfts Pyramidens aufgekauft. Anschließend trafen sich Freunde der Band dann bei MP, um ihren Lieblingssong auf die Karten zu kritzeln – natürlich »Flickorna pa TV 2« von Gyllene Tider.

Der erste Fernsehauftritt ließ nicht lange auf sich warten. Die Show hieß »Mandagsbörsen«. Micke verschlug schon während des ersten Taktes einen Schlagstock, und Showmaster Jonas Hallberg ging vor der Sendung mit dem nervösen Gessle alle Fragen durch, die er ihm im Kurzinterview stellen wollte, überraschte ihn dann aber vor laufenden Kameras mit ganz anderen Fragen... Die Band hatte sich ihr TV-Debüt etwas professioneller vorgestellt.

Doch der TV-Auftritt trug Früchte. Denn jetzt begann sich auch der große Tourneeveranstalter EMI Telstar für Gyllene Tider zu interessieren.

»Warum hast du uns nicht schon vorher auf diese Band aufmerksam gemacht?« fragte EMI-Boß Thomas Johansson ärgerlich Lasse Lindbom, als er hörte, daß ihm der kleine Veranstalter »Showringen« den vielversprechenden Leckerbissen vor der Nase weggeschnappt hatte.

Anfangs war alles neu und aufregend für Per & Co.: Interviews, Reisen sowie Fernseh- und Konzertauftritte machten riesigen Spaß. Die Debüt-LP wurde mit Hilfe des Singlehits »Flickorna pa TV 2« ein Hit. Im Juli 1980 gab es sowohl für die Single als auch für das Album Gold für 25 000 bzw. 50 000 verkaufte Platten.

»Nachdem wir Gyllene Tider zu Popstars machen konnten, können wir jetzt jedem zu Starruhm verhelfen«, witzelte Kjelle Andersson und grinste dabei Lasse Lindbom an, der zustimmend mit dem Kopf nickte.

»Ska vi älska sa ska vi älska till Buddy Holly« wurde der nächste Hit. Per schickte eine englische Version des Songs an Paul McCartney, dem die Verlagsrechte an Buddy Hollys Liedern gehörten. Natürlich bekam Per keine Antwort von seinem größten Idol.

Per Gessle und Mats Persson debütierten auch als Schlagerkomponisten. Ihre von Lasse Lindbom gesungene Nummer »För dina bruna ögons skull« (Wegen deiner braunen Augen) lag zuerst ganz gut im Rennen, rutschte dann aber auf den letzten Platz der schwedischen Vorentscheidung für den Grand Prix d'Eurovision. Nach der Show im Stockholmer Radiohuset konnten sich Per, Lasse und Mats nicht

MP, Lindblom und Per verlieren in der nationalen Vorausscheidung zum Grand Prix, ohne sich deswegen die Laune vermiesen zu lassen

mehr beherrschen, und statt der erwarteten enttäuschten Gesichter amüsierten sie sich bestens. Gleichzeitig ging ein freudestrahlender Tomas Ledin (Schwiegersohn von ABBA-Erfinder & Manager Stikkan Andersson) herum und verteilte seine mit dem Siegertitel »Just nu« bedruckten T-Shirts.

Die Konzertveranstalter und der Unterhaltungskönig Julius Malmström bekamen den Auftrag, eine große Live-Gala für das Fernsehen zu Ehren des 300jährigen Geburtstags der Stadt Karlskrona zu arrangieren. Die Vorbereitungen für dieses »Rock 300«-Festival liefen auf Hochtouren.

Rick Wakeman, Björn Skifts und die dänische Band »Shubudua« hatten schon zugesagt, doch es fehlte noch eine neue schwedische Band.

»Gyllene Tider, das wäre doch was«, dachte sich Malmström und engagierte die frische junge Gruppe.

Gyllene Tider waren zu diesem Zeitpunkt noch nie bei einer großen Gala aufgetreten und räumten toll ab.

Das erste Mal, daß Gyllene Tider merkten, welch gigantische Ausmaße ihr Erfolg angenommen hatte, war, als EMI-Vize-Präsident Roffe Nygren bei einem großen Fest im Operakällaren (Opernkeller) in Stockholm aufstand und verkündete: »Ich möchte euch jetzt erzählen, wie hoch die Vorbestellungen für die neue Platte ›Moderna Tider‹ (Moderne Zeiten) sind: Einhundertvierzigtausend! Eins, vier, null, null, null, null. Prost Jungs!«

Per blickte auf die anderen Bandmitglieder.

»Wow«, war alles, was er rausbrachte. Mit 30 000 hatte er ja gerechnet, aber nicht mit dem Vierfachen!

Dabei sah es nur ein Jahr zuvor noch ganz anders aus. Damals arbeiteten sie gerade an den Songs für die neue Platte, »Cilla 16 söt som socker« (Cilla, 16, süß wie Zucker), »Henry, dansa inte disco« (Henry, tanze nicht in der Disco) und einer weitere Anzahl von Titeln, die Kjelle überhaupt nicht zusagten.

»Nun reißt euch mal zusammen! Das war das Schlimmste, was ich je gehört habe«, wetterte Kjelle. Das waren harte Worte.

Doch Per bewunderte Kjelle, und sein Wort war Gesetz. Jetzt hieß es also noch mal von vorn anfangen.

Letztendlich kriegte Songwriter Per doch noch die Kurve, und die Platte schlug voll ein, mit eben 140 000 Vorbestellungen.

Am 8. Dezember 1980 starb John Lennon. Er wurde vor seinem Haus in Manhattan von Mark Chapman, einem geistig verwirrten Verehrer, erschossen. Als die Neuigkeit in der ganzen Welt verkündet wurde, rief Per sofort einen Freund an:

»Wir müssen zur Zeitung fahren und nachschauen, ob wir dort das erste Telegramm mit den News ergattern können!« sagte der Beatles-Fan aufgeregt.

Lennon bedeutete ihm unglaublich viel. Per hielt John Lennon für noch großartiger als Paul McCartney. Aber es waren nicht nur die Beatles-Songs, die ihm so gut gefielen. Es gefiel ihm einfach alles an John, seine Art zu leben, seine faszinierende Ausstrahlung, seine Ehrlichkeit, die Frisur, die Stimme, die außergewöhnlichen Schuhe und der ausgeflippte Rolls-Royce. All das beeindruckte Per unheimlich. Kein anderer Künstler hatte ihm je so viel bedeutet wie John Lennon.

Die Papierkörbe und Mülleimer der Zeitungsredaktion wurden durchwühlt, doch Per fand kein Telegramm.

Während die Popwelt um den großen Meister trauerte, gab die neue Single »När vi tva blir en« von Gyllene Tider einen Vorgeschmack auf das, was noch passieren sollte. Es wurden 100 000 Singles verkauft, und der Song hielt sich 16 Wochen lang auf Platz eins der Charts.

Aber die Gyllene-Tider-Hysterie hatte erst angefangen.

Im März 1981 wurde die Nachfolge-LP veröffentlicht. Der Arbeitstitel lautete »Varför vill ingen kyssa Ragnar?« (Weshalb will niemand Ragnar küssen?). Doch letztendlich wurde die LP »Moderna Tider« genannt, in Anlehnung an den weltberühmten Charlie-Chaplin-Film »Moderne Zeiten«.

Am Tag nach dem Fest im Operakällaren schrieb Roffe Nygren eine Mitteilung an die EMI-Angestellten und bat sie, sich stark für das Produkt zu engagieren und notfalls auch Überstunden zu machen. Als die Idee auftauchte, die Extra-EP »Swing & Sweet« der Erstauflage der LP beizufügen, rechnete keiner im Traum damit, daß die Anzahl der Vorbestellungen sage und schreibe 140000 betragen würde. Um diese Arbeit zu bewältigen, reichte das EMI-Personal gar nicht aus. Die Plattenfirma beschäftigte deshalb für eine kurze Zeit sogar bereits pensionierte Mitarbeiter.

Der US-Rockstar Tom Petty, auch einer von Pers Helden, hörte die schwedische Gyllene-Tider-Version seines Songs »I need to know«. Daß sie ihm gut gefiel, ließ Petty der Gruppe sogar per Fax mitteilen.

»Moderna Tider« verkaufte sich immer besser, insgesamt unglaubliche 390000mal.

An die Volkspark-Tournee, die man anläßlich dieser LP startete, erinnern sich alle Beteiligten heute mit gemischten Gefühlen.

Die Premiere fand an einem kalten Apriltag in Kristianopel im Städtchen Blekinge statt. Weil es so kalt war, warteten die meisten Zuschauer bis zum Konzertbeginn, bevor sie in der Arena auftauchten. Aus den erwarteten 1500 wurden 6000 Fans. Die Sicherheitsvorkehrungen reichten nicht aus, und so wurden in dem Chaos drei Teenager zu Tode getrampelt.

Gyllene Tider erfuhren davon erst nach dem Konzert, als es an der Garderobentür klopfte. Es war der Veranstalter:

»Jungs, heute ist ein schweres Unglück passiert...«, begann er tief betroffen.

Per dachte, daß einige Fans mal wieder Quetschungen erlitten hatten, ohnmächtig geworden wären oder sich jemand ein Bein gebrochen hatte. Doch es war ja viel, viel schlimmer. Einige Musiker weinten später im Bus.

Gyllene Tider entschlossen sich, die drei nächsten Auftritte abzusagen, darunter auch das Konzert im Halmstader Volkspark.

Das war nicht mehr lustig, das machte keinen Spaß mehr. Die Hysterie war zu groß und wurde langsam unheimlich. Pers Ziel war es nie, Popstar zu werden, er wolle schlicht und einfach Musiker sein und den Leuten mit seinen Songs eine gute Zeit und Unterhaltung bieten.

Halmstad war immer Pers Heimat gewesen. Hier lebten seine Mutter, seine Geschwister und seine alten Freunde. Aber plötzlich begann er sich unwohl zu fühlen und merkte immer öfter, wie die Leute hinter seinem Rücken über ihn tratschten.

Er begriff nicht, warum das so war. Er war doch immer noch der gleiche Junge wie früher. Zumindest wollte er das sein. Starallüren waren ihm schon damals fremd. Eigentlich fühlte er sich jetzt nur noch im Vorort Mullvade wohl, denn da wohnten einige seiner alten Freunde, und dort konnte er immer noch er selbst sein.

Die Tournee, die im Frühjahr begonnen hatte, endete im Herbst. Die ganze Reise war ein einziges Chaos gewesen. Sicherheitsabsperrungen wurden niedergerissen, weibliche Fans fielen in Ohnmacht – und die Band brach alle bisherigen Publikumsrekorde.

Die Massenhysterie war auch eine harte Geduldsprobe für alle, und die Freundschaft innerhalb der Band wurde dadurch schwer erschüttert. Als die Tournee nach 130 Auftritten beendet war, waren alle Bandmitglieder zerstritten und wollten nur noch allein sein.

Hinter den Kulissen

Mit dem zunehmenden Erfolg wuchs natürlich auch das Bankkonto der Band. Doch die Finanzlage wurde immer unübersichtlicher und wuchs Per über den Kopf.

Die Zahlen häuften sich, er brauchte immer mehr Spalten in seinem Buchhaltungs-Heft. Ausgaben, Einnahmen, Steuern, Belege, Erklärungen, Versicherungen – die Papierhäufchen wuchsen zu riesigen Bergen an und wurden viel größer, als es sich Bengt Gessle, der versprochen hatte, seinem Bruder bei der Buchhaltung zu helfen, je vorgestellt hatte.

»Das wird mir zu viel«, klagte er eines Tages.

Rolf Nygren von der Plattenfirma merkte auch bald, was los war. Er fand, daß sich Per an einen professionellen Steuerberater wenden sollte, der Bengt entlasten konnte. Nun konnte Per natürlich das gleiche passieren wie vielen anderen Popstars: So schnell das Geld reinkam, so schnell konnte man es auch ausgeben, und zwar bevor alle Unkosten und Abgaben bezahlt waren. Viele Künstler waren in diesen Teufelskreis geraten und mußten nun mit hohen Steuerschulden und anderen Problemen leben.

Rolf empfahl Per einen Finanzspezialisten in der Show-Branche. Er hieß Jan Beime und kümmerte sich um die Geschäfte von vielen anderen berühmten Künstlern. Doch zuerst wollte Per nicht.

»Das ist bestimmt wieder so eine dubiose Person, die nur auf der Seite der Plattenfirma steht und mich ausbeuten will«, dachte er. Aber als er sich bei anderen Kollegen in der Branche umhörte, merkte er, daß Jan Beime einen guten Ruf hatte, auch wenn viele mit einer gewissen Haßliebe von ihm und seiner eisenharten Kontrolle übers Geld sprachen.

»Man muß ihm quasi sein eigenes Geld entlocken«, sagte einer.

Beime war wirklich eisenhart. Keine Krone wurde unnötig ausgegeben. Er hielt das Geld für seine Mandanten zusammen.

Unter den Künstlern wurden viele Witze über Jan Beime gemacht: In jede Garderobe in ganz Schweden habe er Mikrofone einbauen lassen, damit er immer hören kann, ob irgendeiner seiner Klienten Einkaufspläne hat.

»Will man sich etwas kaufen, muß man immer erst Beime davon überzeugen, daß man es auch wirklich braucht, z. B. eine neue Gitarre. Aber noch nicht mal dann ist es sicher, ob er Geld dafür rausrückt.«

Außer seinen Finanzgeschicken imponierte auch die Tatsache, daß er der einzige Schwede mit schwarzem Aikido-Gürtel war.

Keiner sprach schlecht über Beime. Und als Per das merkte, engagierte er Beime. Daraus entwickelte sich ein einmaliges Verhältnis.

Per wußte schon ziemlich genau, wie die Musikbranche funktioniert. Jetzt lernte er auch die finanzielle Seite kennen. Beime wußte mehr über die Branche, besonders in geschäftlicher Hinsicht. Er hatte viele Jahre mit Künstlern gearbeitet und beherrschte die Kunst, kurze Verträge zu schließen, die man danach noch weiter verbessern konnte. Er wußte auch, wie man seine Wünsche durchsetzte, ohne dabei wie ein Elefant im Porzellanladen zu wirken. Per sah zu und entdeckte eine ganz neue Welt. Er war ein gelehriger

Schüler, der sich zur Verwunderung von Beime sehr dafür interessierte, wie die finanziellen Angelegenheiten funktionierten. Die erste Lektion, das Geld erst auszugeben, wenn Geld auf der Bank war, war eine einfache, kluge Regel, an die man sich immer halten mußte.

Mit der Zeit wurde aus der rein geschäftlichen Beziehung zwischen Jan Beime und Per eine tiefe Freundschaft. Per hatte seinen Vater viel zu früh verloren. In Jan hatte er einen zuverlässigen Freund und Ratgeber gefunden, der die Vaterrolle übernahm.

Als Marie später auch einen Finanzberater brauchte, war es für sie selbstverständlich, Beime zu fragen. Und Beime wußte natürlich, wer Marie war, und stellte gerne seine Dienste zur Verfügung. Das erste, was er – ganz gegen seine eigenen Prinzipien – tat, war, Marie einen Vorschuß von der Plattenfirma zu besorgen. Marie brauchte unbedingt ein Piano zum Komponieren, das war ihr größter Wunsch. Für Beime war es selbstverständlich, diesen Wunsch zu erfüllen. Ein Piano war ganz einfach eine Investition, eine Anschaffung für die Zukunft, die für Marie gut und nützlich war, denn damit hatte sie die Möglichkeit, kreativ zu arbeiten.

Marie freute sich über den Vorschuß und fühlte sich fast wie ein Star.

Aber es zeigte sich schon bald, daß diese Großzügigkeit von seiten Beimes eine Ausnahme war. Wie alle anderen auch mußte Marie schnell lernen, mit ihrem Geld sparsam umzugehen.

Sie merkte bald, daß Jan Beime eine großartige Hilfe und Stütze war. Einer, an den sie sich immer wenden konnte, wenn sie einen guten Rat für die Zukunft brauchte.

Aufbruch

»Wir müssen etwas unternehmen. Die Jungs verlieren sonst den Bezug zur Realität.«

Lasse Lindbom hatte im Zusammenhang mit der Filmpremiere von »Parkliv«, Lasse Hallströms Film über Gyllene Tider, gemerkt, daß mit der Gruppe nicht alles zum besten stand. Auf der Premierenfeier im Stockholmer Restaurant Riche tauchten alle möglichen dubiosen Leute auf. Es war seltsam, denn er kannte kaum einen und merkte schnell, daß fast alle sogenannte »Fußlecker« waren, die gern im Erfolg der Gruppe glänzen wollten. Die Mitglieder von Gyllene Tider konnten sagen, was sie wollten, die anderen stimmten mit falschem Unterton und gekünsteltem Lächeln zu. Lasse wurde übel. Er mußte etwas tun und warnte Kjelle.

Eigentlich hatte es schon während der Plattenaufnahmen für die Single »Ljudet av ett annat Hjärta« angefangen zu kriseln. Gyllene Tider begannen, sich selbst zu überschätzen, und wollten die Plattenproduktion immer mehr kontrollieren. Außerdem kamen die Jungs auch immer öfter zu spät ins Studio. Und als dann das Produzententeam wie verabredet an einem Montag auf die Gruppe wartete, diese aber erst am Dienstag erschien, kam es zum ersten großen Krach.

»Zum Teufel noch mal, jetzt reißt euch mal zusammen,

ihr Bauerntölpel! Glaubt nicht, daß ihr euch hier wie Popstars benehmen könnt«, waren Lasses harte, unmißverständliche Worte.

Daß sich die normalerweise recht anpassungsfähigen Jungs so aufführten, war auf eine gewisse Weise natürlich. Alle waren immer noch erschöpft und müde nach der anstrengenden, kräftezehrenden Tournee.

Per hätte sich manchmal am liebsten übergeben, wenn er ein Bild von sich als blondes Teenager-Idol sah und sich auf den Titelblättern der Popzeitschriften Starlet und Okej entdeckte. Aber das durfte man natürlich nicht nach außen hin zeigen, wenn man der Traum einer jeden Schwiegermutter war und Reklame für das Milchmixgetränk »Big M« und die »Non smoking Generation« Werbung machte.

Anders Herrlin hatte noch größere Probleme. Er litt am meisten unter der Popularität. Es gibt für einen talentierten Musiker, der als guter Bassist anerkannt werden wollte, nichts Schlimmeres, als zum süßesten, bestaussehenden Jungen von Schweden gewählt zu werden. Jetzt machten sich alle, die das gelesen hatten, über ihn lustig.

Per und Anders fuhren erst mal für vier Wochen nach Amerika, um Urlaub zu machen. Es war für die beiden richtig erfrischend, endlich in der Gegend herumlaufen zu können, ohne sofort erkannt zu werden. In New York besuchten sie den Journalisten Mats Olsson, der mittlerweile US-Korrespondent des Expressen war, und fuhren dann quer durchs Land bis an die Westküste. In Los Angeles landeten sie zufällig auf der Geburtstagsfete von Hollywood-Prügelknabe Mickey Rourke, der gerade den Film »Der Pate von Greenwich Village« abgedreht hatte. Per ließ sich von Mikkey ein Filmplakat unterschreiben, das heute in seinem Arbeitszimmer in Halmstad hängt. Außerdem besuchten sie Joe Walsh, den ehemaligen Gitarristen der US-Supergruppe Eagles (»Hotel California«) im Studio und freunde-

Per und Anders zu Hause bei John Sebastian in Woodstock

ten sich mit John Sebastian von Lovin' Spoonful an. John und seine Frau Catherine, eine Fotografin, luden die beiden zu sich nach Woodstock ein. Durch ihn kam Per zu einem neuen Hobby: Gitarrensammeln.

Eigentlich konnte es nach dem Erfolg von »Moderna Tider« nur noch abwärts gehen. Deshalb überlegte man, ob man nicht eine Platte mit englischen Texten aufnehmen sollte. Das durch die Beatles legendär gewordene Abbey-Road-Studio in London stand als Produktionsort zur Debatte. Die Aufnahmen begannen im Februar 1982. Der Druck und die Erwartungen nach den letzten Erfolgen waren jetzt noch viel größer!

Per dachte daran, was Lasse ihm vor einem Monat gesagt hatte, als er ihr Benehmen kritisiert hatte.

»Begreift jetzt endlich, daß das hier kein Spiel ist, sondern Arbeit!«

Das war ein Warnschuß, den die ganze Band offenbar brauchte, um auf dem Teppich zu bleiben. Jetzt war es soweit. Alle erhofften sich das Unmögliche: Einen Nachfolger für den Megaseller »Moderna Tider«.

»Wir haben gar keine richtige Single auf der Platte. Du mußt dich noch mal hinsetzen und irgendeinen Knaller schreiben!«

Noch nie zuvor hatte Lasse Per dazu ermahnt, sich hinzusetzen und etwas Besonderes zu schreiben. Es war das erste Mal. Aber es war nötig.

»Sommartider« war das Ergebnis. Dieser Song wurde der größte Hit, den Gyllene Tider jemals haben sollten, und der Hauptgrund dafür, daß die dritte LP »Puls« immerhin 180000mal über die Ladentheke ging.

Daß Gyllene Tider den großen Durchbruch schafften, hatte natürlich Folgen. Schnell bekamen clevere Fans Pers Privatadresse heraus, Mama Gessle stand ja immer noch im Telefonbuch. Mit einem Mal war es vorbei mit der Ruhe. Immer wieder verschwanden der Briefkasten oder andere Gegenstände, die von Fans als Souvenirs gesammelt wurden. Die Briefberge wurden zu Postsäcken voller Fanpost. Die Fans kamen mit Blumen, und einmal bekam Per sogar einen Schreibtisch mit einem sternenförmigen Spiegel, den die Fans mit dem Zug transportiert hatten. Aber Per fand ihn schrecklich und verschenkte ihn.

Einige Monate später zog Per in eine Dachwohnung in der Stadt. Aber zum Klamottenwaschen und Essenkochen fehlte dem Popkünstler einfach die Zeit. Da war es gut, daß die Mama so nahe wohnte.

Obwohl sie die ganze Hysterie um ihren Sohn sehr verwunderte, so fand sie sie auch irgendwie lustig. Lisa Gessle hatte ein großes Herz. Deshalb beantwortete sie häufig Fanpost, telefonierte mit den Fans und lud einige auch mal zum Kaffee ein.

Einige Bandmitglieder hatten feste Freundinnen, Per nicht. Er hatte einige kurze, heftige Affären gehabt, aber die waren schnell in die Brüche gegangen. Es war schwer für ihn zu beurteilen, ob die Girls ihn nun als Privatperson oder als Popstar mochten.

Per wußte nicht, ob er nun lachen oder weinen sollte, als er eines Tages auf dem Titelblatt der Abendzeitung ein Foto von sich mit Jan Beimes Frau Lena entdeckte. Der Kommentar ließ ihn zusammenzucken: Die Dame wurde als Pers neue Freundin bezeichnet. Das Foto war am Abend zuvor bei einem gemeinsamen Essen im Strand-Hotel in Borgholm auf der Insel Öland entstanden.

»Ist ja unglaublich«, schnaubte er entrüstet, entschied sich aber, die ganze Sache doch lieber mit Humor zu nehmen. Vor allem weil Jan in dem Artikel als Lenas Vater (!) bezeichnet wurde.

Per und Marie trafen sich immer öfter. Anfangs dachten sie noch, daß sie sehr unterschiedliche Ansichten und Einstellungen hatten. Doch mit der Zeit entdeckten sie immer mehr Gemeinsamkeiten. Marie brauchte nach all den Enttäuschungen jemanden, der ihr half, und Per fühlte, daß Marie jemand sei, dem man sich anvertrauen konnte, ohne daß man deshalb gleich ein Verhältnis beginnen mußte. Sie sprachen über ihre Familien, über ihre Beziehungen und natürlich über die Musik. Sie konnten stundenlang im Restaurant Karl XI. sitzen und sich bei ein paar Bierchen ihre Zukunftsvisionen und Träume erzählen.

Eine gute Kameradschaft entstand, und das Vertrauensverhältnis wurde größer. Sie wurden fast wie Bruder und Schwester. Es war ganz selbstverständlich, daß Marie bei dem Lagerfeuer dabeisein sollte, das fürs Coverfoto der dritten Gyllene-Tider-LP angezündet werden sollte. Und daß sie danach auch bei Pers erster Solo-LP »Per Gessle« mitmischte.

Per und Marie spielten sich oft ihre Demotapes vor, und Per motivierte Marie, eine Solokarriere zu starten.

Die Veröffentlichung von Pers Soloscheibe im Frühjahr 1983 fiel mit dem Release von David Bowies Mega-Album »Let's dance« zusammen. Dennoch verkaufte sich Pers Werk 55 000mal. Nicht schlecht, wenn man bedenkt, daß hier ja nicht Teenie-Pop im Stil von Gyllene Tider zu hören war, sondern ruhige, reife Rocksongs. Die Kritiken waren durchweg positiv.

Lasse Lindbom zweifelte trotzdem. In der Sparte leichte Popmusik war Per zweifelsohne der schwedische Meister, mit dem neuen Sound konnte er nur im Schatten von Ulf Ludell landen. Lasse merkte, daß sich Per mit dieser Solo-Platte irgendwie von Gyllene Tider entfernte.

Aber es gab noch ein Gyllene-Tider-Album.

»Entweder machen wir weiter und produzieren etwas ganz Neues auf englisch, sobald MP, Anders, Micke und Göran den Wehrdienst hinter sich haben, oder wir hören auf« – da waren sich alle einig.

Das Ziel war es, eine frische, moderne Platte mit internationalem Touch und Synthie-Sound zu produzieren. Als »Heartland Café« fertig war, klang es doch wieder nach den alten Gyllene Tider – nur eben mit englischen Texten.

Die Verkaufszahl von 45 000 Exemplaren hätte jede andere schwedische Pop-Band zu Jubelrufen veranlaßt. Nicht so Gyllene Tider. Für sie war es ein gigantischer Flop.

International war die Lage noch katastrophaler. Die Single »Teaser Japanese« und das erste Video der Band, gedreht mit einem Budget von sage und schreibe 250 000 Kronen, zeigten nicht die geringste verkaufsfördernde Wirkung. Keine Plattenfirma, außer Capitol Records in Amerika, war daran interessiert. Und Capitol wollte nur eine Mini-LP mit sechs Songs veröffentlichen.

Den Namen Gyllene Tider konnte man im Ausland natürlich nicht beibehalten. Die englische Übersetzung, Golden Times, klang ziemlich kitschig, und Modern Times paßte auch nicht.

»Wir brauchen einen guten, prägnanten Namen«, sagte Per und dachte an die alten Grape-Rock-Zeiten zurück, als er und MP zusammensaßen und alte Cover-Versionen spielten.

»Die Band Dr. Feelgood hat einen Song namens ›Roxette‹. Können wir uns nicht so nennen?« Die anderen waren begeistert.

»In zwei, drei Jahren werden wir wieder 100 000 Platten verkaufen«, prophezeite er in einem Interview.

Im großen Plattenladen Tower Records in Los Angeles bekamen Roxette ein eigenes Fach neben den berühmten Roxy Music. Aber in den USA wurden leider nur knapp 8000 Platten verkauft.

Keiner hatte nach der Plattenveröffentlichung große Lust auf eine Tournee. Doch sie begriffen, daß ihnen kaum etwas anderes übrigblieb. Marie und Ulrika Uhlin waren als Background-Sängerinnen dabei, und der Gitarrist Janne Bark kam auch mit. Auf dieser Tournee wurde viel gefeiert und getrunken. Der Auftritt im Wa-Waco in Halmstad war eines der besten Konzerte, das die Band je gegeben hatte.

Pers zweiter Solo-Ausflug »Scener« wurde Daniel Bernhard gewidmet. Keiner außer Per wußte, daß es sich hierbei um die weiteren Vornamen von Pers Vater handelte. Den Song »Viskar« widmete Per seiner neuen Freundin Asa Nordin.

»Scener« bekam noch bessere Kritiken als Pers erste Solo-Platte, aber sie verkaufte sich wesentlich schlechter. Dabei hatte man sich mit der Produktion extra viel Zeit gelassen. Erst im Juni 1985, nach sieben Monaten Studiozeit, war der letzte Song eingespielt. Doch es half nichts.

Mittlerweile gab es Gyllene Tider auch nicht mehr.

Im März hatte Anders die Gruppe verlassen. Er hatte keine Lust mehr, nachdem die neue Gyllene-Tider-Platte immer wieder wegen Pers Solo-LP verschoben werden mußte.

Die anderen hatten eigentlich erwartet, daß Per die Gruppe verlassen würde, statt dessen war es Anders, der die Flinte ins Korn warf.

Per war wütend auf Anders und enttäuscht, daß die Gruppe auseinanderbrach. Denn an einen anderen Bassisten war nicht zu denken. Anders war wiederum genervt, weil Per immer seinen Kopf durchsetzen mußte. Nach diesem Streit sprachen sie jahrelang kein Wort mehr miteinander.

Ein Schritt nach vorn

Marie rief Ulla-Britt mitten in der Nacht an und bat sie um ihren Rat. Es ging um eine sehr wichtige Entscheidung.
»Mir wurde ein Solo-Vertrag angeboten. Ich kann eine eigene Platte machen. Aber eben nur ich und nicht MaMas Barn, verstehst du? Ich muß mich bis morgen entscheiden.«
»Wie stellst du dir denn die Zukunft vor?« fragte Ulla-Britt.
»Ich weiß nicht«, antwortete Marie zögernd. »Ich will singen, und dies ist eine tolle Chance. Wer weiß, ob ich noch mal so ein Angebot bekomme?«
»Du mußt auf deine innere Stimme hören. Mach nichts, was du später bereuen könntest, Gun-Marie!«
»Aber kann ich Martin im Stich lassen?«
»Du mußt nicht immer so viel Rücksicht auf andere nehmen. Wenn du der Meinung bist, daß die Zeit reif ist, dann wage den ersten Schritt!«
Mit diesen Worten im Ohr unterschrieb Marie den Vertrag von EMI Svenska. Marie sollte eine Chance als Solo-Künstlerin bekommen.
Das war Lasse Lindboms Idee. Er hatte Marie einmal getroffen, als er mit seiner Band beim »Strul«-Festival in Halmstad auftrat, und dann noch mal, als Gyllene Tider eine Platte für die Zeitschrift Schlager einspielen sollten. Da hatte er gemerkt, daß Marie wirklich singen konnte.

Er selbst war auf der Suche nach einer Duett-Partnerin für seine eigene Platte. Er hatte den Song »Sa nära nu« schon mit sämtlichen bekannten Popsängerinnen des Landes probiert. Aber keine klang so, wie er es sich vorstellte.

»Versuche es mal mit Marie!« sagte Gessle, als er von Lasses Problem hörte. »Sie kann fast alles.«

Marie war sehr nervös, als sie nach Stockholm fuhr. Sie hatte von all den berühmten Sängerinnen gehört, die eine Absage bekommen hatten. Wie sollte sie es denn schaffen, wenn es die anderen schon nicht konnten? Im Studio angekommen, war sie immer noch aufgeregt. Sie sah, wie ihr Mikrofon aufgestellt wurde, und fühlte sich wie ein zum Tode Verurteilter, der den elektrischen Stuhl sieht.

»Ich muß weg«, dachte sie und verschwand auf der Toilette. Sie versuchte ruhiger zu werden. Sie blieb viel zu lange für einen normalen Toilettenbesuch, dachte Lasse.

Dann endlich kam sie raus – kreidebleich.

Als sie das erste Mal sang (mit geschlossenen Augen), klang sie wie alle anderen.

»Kannst du noch eine Oktave höher singen?« fragte er Marie.

Sie konnte! Sie schloß die Augen und sang, so daß Lasse tief gerührt war und eine Gänsehaut bekam. Es klang genauso, wie er es sich gewünscht hatte.

Aber er zeigte Marie seine Begeisterung nicht. Als sie nach Hause fuhr, war sie immer noch unsicher. Sie dachte, es sei schiefgelaufen.

Am nächsten Tag rief Lasse Marie an und sagte, daß ihr Gesang sehr gut klingen würde. Endlich konnte sie aufatmen.

Lasse und Marie trafen sich bei verschiedenen Anlässen wieder. Jedesmal riet er ihr, eine eigene Platte zu machen. Auch Per drängte sie oft.

»Mach was Eigenes! Du bist viel zu gut, um dich hinter einer Gruppe zu verstecken.«

Marie wollte sich beweisen, daß sie es allein schaffen würde. Sie dachte immer häufiger darüber nach, besonders nachdem sich bei MaMas Barn nicht viel tat.

Im Juli 1983 rief sie Lasse Lindbom an.

»Wenn ich eine Platte mache, möchte ich, daß du sie produzierst.«

Das war genau das, was Lasse hören wollte.

»Da müssen wir nur noch einen Vertrag machen«, sagte er. »Du mußt aus dem alten Vertrag raus.«

»Muß ich das?« fragte Marie.

»Ja, sonst funktioniert es nicht.«

»Muß ich mich heute noch entscheiden?«

»Nein, aber ruf mich bitte morgen an. Die Plattenfirma wird das schon regeln. Alles wird zu deiner Zufriedenheit geklärt. Wir werden zusammen eine tolle Platte machen!«

Marie rief zuerst ihre Mutter an und erzählte ihr, daß sie einen eigenen Schallplattenvertrag bei EMI bekommen könnte – bei der gleichen Firma, bei der auch ihr Bekannter Per Gessle unter Vertrag war.

»Soll ich unterschreiben?« fragte sie.

»Wie kann ich das beantworten?« antwortete ihre Mutter. »Du mußt selber wissen, was das Beste für dich ist.«

Marie konnte nicht schlafen. Darum rief sie in der Nacht Ulla-Britt an.

Ihre Solo-LP wurde »Het vind« getauft. Sie war nicht ganz so, wie Marie und Lasse es sich erhofft hatten. Das Problem war, daß Marie noch keinen eigenen Stil hatte. Sie wußte nicht, was am besten zu ihr paßte.

Teilweise lag es daran, daß Marie nicht daran gewöhnt war, mit routinierten Studiomusikern zusammenzuarbeiten, und sich deshalb verunsichert fühlte, und teilweise konnte Lasse auch noch nicht richtig mit ihrem musikalischen Talent an den Instrumenten umgehen. Bei MaMas Barn saß sie hinterm Klavier und hatte großen Erfolg beim

Marie irgendwo in Schweden

Publikum. Sie konnte wirklich gut spielen. Aber jetzt, im Studio, ermunterte sie keiner, und sie wurde ängstlich, gehemmt.

Einer der Songs auf ihrer LP war ein altes Lied von Lasse. Es hatte ihm nie so richtig gefallen, aber Marie fügte ein neues Feeling hinzu, und jetzt klang der Song viel besser als das Original. Sie schrieb außerdem einen neuen Songtext mit dem Titel »Ännu doftar kärlek« dazu. Das war der Song, der zuerst im Radio gespielt wurde, als die Platte fertig war.

Marie ging mit der Lasse-Lindbom-Band auf Tournee. Micke und Anders von Gyllene Tider und Niklas Strömstedt waren auch dabei. Sie wurde immer bekannter, und jeden Tag waren ihre Songs im Radio zu hören. Sie wurde zu wichtigen TV-Shows eingeladen und war plötzlich auf dem Weg zum Star.

Eine Werbeagentur rief an und fragte, ob Marie sich vorstellen könnte, Werbung für eine bekannte Kaffeemarke zu machen. Ein derartiges Angebot hatte sie noch nie zuvor bekommen, deshalb fragte sie Blixten von EMI Telstar. Er wußte immer, was gut oder schlecht für seine Künstler war. Er riet ihr zuzusagen und achtete darauf, daß Marie ein gutes Honorar bekam, auch wenn es sich nicht gerade um eine Traumgage handelte.

Der Werbefotograf war sowohl teurer als auch berühmter als Marie und wurde eigens von London nach Schweden eingeflogen. Er schaute sich verschiedene Locations an und entschied sich dann für ein Sofa in der Eingangshalle des Königlich Schwedischen Theaters in Stockholm. Hier gab es phantastische Kunstwerke, einen herrlichen antiken Spiegel, goldfarbene Tische, einen glänzenden Boden und viel Licht und Raum. Marie mußte sich auf einen Diwan legen. Sie trug ein kurzes, enganliegendes Kleid. Die Fotos wurden verführerisch gut. Der Fotograf, der bereits viele internationale Stars, aber auch Könige und Präsidenten abgelichtet hatte, war sehr zufrieden. Aber die Kaffeefirma wollte das Bild nicht.

»Die kennt ja keiner«, mokierte die Marketing-Chefin und deutete auf Marie. »Außerdem ist diese Pose viel zu provokant.«

»Wenn wir Marie Fredriksson das nächste Mal fragen, kostet sie vielleicht das Fünffache«, verteidigte sich die Werbeagentur.

»Jaja«, sagte die Marketing-Chefin genervt. »Aber ich will eine andere Kampagne!«

Die Fotos landeten im Archiv. Marie bekam ihr Honorar und war ganz froh, daß sie keine Reklame für den Kaffee machen mußte.

Marie und Lasse wurden immer unzertrennlicher. Wie ein Pärchen gingen sie abends aus. Sie übernachtete in seiner kleinen Ein-Zimmer-Wohnung, wenn sie in Stockholm war. Sie telefonierten täglich. Irgendwann gab es keine Grenze mehr zwischen Arbeit und Privatleben. Sie gingen zusammen auf Tournee, arbeiteten an neuen Songs, redeten über Musik und gründeten eine Band zusammen mit Per Gessle und MP. Sie tourten unter dem Namen »Spännande Ostar« durch Nachtclubs und Hotels in Ferienorten. Lasse und Marie wohnten nie zusammen, hatten nie dieselbe Adresse, aber sie lebten zusammen.

»Ich wollte schon immer mal im Winter in ein anderes Land reisen«, sagte Lasse und schlug die Kanarischen Inseln vor. Dort wollte er mit Marie, ganz in Ruhe, neues Material für das nächste Album erarbeiten. In einem Bungalow am Strand von San Augustin entstand im Herbst 1985 »Den sjunde vagen«. Meistens hatte Lasse die Idee für eine Melodie, und Marie arbeitete den Song aus. Die Stücke nahmen sie mit einem Kassettenrekorder auf.

Im Frühjahr kehrten sie nach Schweden zurück und arbeiteten weiter. Die besten Songs spielten sie in einem lee-

»Hör dir das mal an!«
In San Augustin entstand Maries Werk Den sjunde vagen

ren Studio, das bald umgebaut werden sollte. Lasse war zum ersten Mal Techniker und Produzent.

»Den sjunde vagen« (Die siebte Welle) wurde ein richtiges Meisterwerk und machte Marie über Nacht zur Rock-Königin Schwedens. Mehr als 100 000 Platten wurden verkauft. Jetzt endlich war sie überzeugt, daß sie damals nach dem nächtlichen Telefonat mit Ulla-Britt die richtige Entscheidung getroffen hatte.

Als die Platte fertig war, endete auch Maries Verhältnis mit Lasse. Fast ein Jahr lang waren sie Tag und Nacht ununterbrochen zusammen gewesen. Während dieser Zeit waren sie sich nähergekommen, begannen sich dann langsam auf die Nerven zu gehen und lebten sich letztendlich auseinander.

Jetzt war alles aus und vorbei.

Per im Abseits

Pers zweite Solo-LP bekam hervorragende Kritiken, aber man mußte nicht viele Platten pressen. Die meisten schwedischen Künstler wären zufrieden gewesen, mehr als 20 000 Stück von einem Album zu verkaufen, aber für den erfolgsverwöhnten Per war diese Zahl ein Fiasko.

Die LP tauchte kaum in der Verkaufs-Hitparade auf. Einer der Songs, »Galning«, schaffte es gerade noch in die Radio-Charts, verschwand aber ebenso schnell, wie er reingekommen war.

Die Karrierekurve ging nicht länger bergauf. Sie ging noch nicht mal geradeaus. Per mußte sich klarmachen, daß es jetzt bergab ging und die Zukunft unsicher war.

Schlechte Verkaufszahlen bedeuteten weniger Rundfunkeinsätze und Fernsehauftritte, und wenn man weder gesehen noch gehört wird, kommen auch keine Anfragen mehr. Und die Journalisten interessieren sich nicht mehr für das, was man macht, sondern fragen statt dessen, was man denn nach dem Ende der Karriere vorhabe.

An eine Tour war nicht zu denken. Der eine oder andere kleine Auftritt in einem Skiort oben im Norden, der eine oder andere Gastauftritt in einem Nachtklub zusammen mit alten Musikerfreunden – aber mehr war nicht drin. Jetzt war nichts mehr selbstverständlich. Das schlimmste war, daß sich auch die Plattenfirma nicht mehr meldete.

Per dachte daran, wie es in der Musikbranche zuging. Alle Popstars hatten ihr Publikum, aber kaum einer hatte so viel Erfolg gehabt wie Per mit Gyllene Tider. Es war eigentlich nur eine Frage der Zeit, wie lange man sich an der Spitze halten konnte. Warum sollte es bei ihm anders sein? Gyllene Tider waren eine Teenie-Band, dazu verurteilt, früher oder später zu sterben, genauso wie Tages und die He Stars in den sechziger Jahren.

Wer hatte eigentlich Interesse an dem Solo-Künstler Gessle?

In der Branche schien niemand eine Zukunft für Per Gessle zu sehen.

Er stand im Abseits.

Als 1985 einige der erfolgreichsten Pop- und Rock-Künstler eine ANC-Gala arrangierten, war die gesamte schwedische »Rock-Elite« auf diesem Wohltätigkeitskonzert in Göteborg vertreten, dazu noch der Staatsminister als Schirmherr. Die Gala sollte im Fernsehen ausgestrahlt werden.

Einer der besten Werbefotografen des Landes wurde engagiert, um die Plakate zu fotografieren. Die Stars strömten in sein Atelier. Alles, was in der schwedischen Musik-Szene Rang und Namen hatte – von linksorientierten Gruppen und Punkern bis zu Volksmusikstars –, war vertreten. Nur Per wurde nicht eingeladen. Keiner zählte ihn zur Rock-Elite. Er war höchstens noch ein ehemaliges Popidol. Daß Gyllene Tider guten Rock 'n' Roll gespielt hatten, zählte nicht, keiner erinnerte sich daran.

Zwar konnte Per letztendlich doch noch bei der Gala im Scandinavium auftreten, aber nur, weil ihn Lasse Lindbom bat, an diesem Abend bei seiner Band, in der außerdem noch Marie und MP spielten, mitzumachen.

Per war der Verzweiflung nahe, hatte keine Ahnung, wie es weitergehen sollte. Natürlich konnte er weiterhin Songs schreiben und vielleicht auch die Platten anderer Künstler produzieren. Aber wer wollte schon seine Hilfe und seine

Songs haben? Vielleicht sollte er ganz etwas anderes machen. Vielleicht wäre er wirklich ein guter Innenarchitekt! Er interessierte sich ja für Möbel und Design.

Der einzige, der an Pers Zukunft als Musiker glaubte, war Jan Beime.

»Du schaffst es noch mal«, ermunterte ihn Beime. »Hab Geduld. Du hast doch den ganzen Kopf voller Ideen!«

Jan kümmerte sich darum, daß die alten Gyllene-Tider-Verträge geändert wurden, denn die Band existierte ja nicht mehr. Jetzt hatte man eine bessere Kontrolle über das von Per produzierte Material. Eine andere Möglichkeit war, einen eigenen Musikverlag zu gründen, damit Per in Zukunft alle Rechte an seinen eigenen Songs hatte. Wenn die Zeit reif war, würde der Großteil des Geldes in Pers eigene Taschen fließen.

Doch momentan kamen die Einkünfte nicht mehr so regelmäßig wie früher. Beime riet Per, weniger Geld auszugeben und langfristig zu denken.

Per geriet in eine persönliche Wirtschaftskrise. Seine Kreditkarten wurden eingezogen, und er mußte zwei seiner Lieblingsgitarren verkaufen, um die Miete zahlen zu können. Dem jungen Musiker blutete das Herz.

Neverending Love

Asa arbeitete manchmal bei einer Model-Agentur in Malmö. Eines Tages im Herbst 1985 sollte sie wegen eines Fotojobs dorthin kommen. Per wollte abends mit Freunden ein neues japanisches Restaurant in Malmö ausprobieren. Er warf seine kleine Reisetasche und seine Gitarre ins Auto. Dann fuhren Asa und er los. Seine Freunde in Malmö hatten überall gute Kontakte und verschafften ihm eine kostenlose Übernachtung im Skyline Hotel. Dort verbrachte Per den Nachmittag mit seiner Gitarre und einigen kalten Bier, während Asa beim Fotografen arbeitete.

Er hatte schon seit einigen Tagen eine Melodie im Kopf. Jetzt versuchte er, die richtigen Akkorde auf der Gitarre zu finden, während er irgendeinen Nonsens-Text dazu summte. Er probierte verschiedene Rhythmen aus, gab auf, versuchte es mit einer neuen Idee. Aber sie alle waren nicht halb so gut wie die erste, die schon beim ersten Hören hängenblieb.

Als Asa mit ihrem Job im Fotostudio fertig war, hatte Per schon einen ganzen Song auf der Kassette. Er packte das Band in die Tasche. Es war schon spät, und die Freunde wollten ihn mit einem Taxi abholen, um dann zum japanischen Restaurant Tokyo zu fahren.

Während des Essens merkten die anderen, daß die japanische Bedienung immer wieder neugierig auf Per sah. Alle dachten, daß er wie immer erkannt wurde und bald nach einem Autogramm gefragt werden würde. Aber erst nachdem sie gegessen hatten, kam das japanische Mädchen schüchtern näher.

»Entschuldigung«, sagte sie höflich. »Bist du nicht Limahl!? Darf ich ein Autogramm haben?«

Per war natürlich sehr überrascht, daß er mit dem englischen Popstar verwechselt wurde, und merkte, wie sich Asa und ihre Malmöer Freunde das Lachen kaum noch verkneifen konnten. Die kleine Japanerin sah verlegen zum Boden, als sie merkte, daß sie einen Fehler gemacht hatte. Was sie jedoch falsch gemacht hatte, wußte sie nicht.

»Nein«, antwortete Per. »Ich bin nicht Limahl. Aber du bist nicht die erste, die fragt. Ich muß ihm ähnlich sehen... Ein Deutscher hat mich vor einiger Zeit auch mit ihm verwechselt.«

»Du bist auch nicht sein Bruder?« fragte die Japanerin.

»Nein, auch das nicht«, sagte Per. »Wir sind noch nicht einmal miteinander verwandt – soweit ich weiß.«

Es war sehr spät geworden, aber trotzdem machten sie noch einen Abstecher ins Haus seiner Freunde.

Dort nahm Per die Kassette aus der Tasche und fragte die anderen, ob sie sich ein neues Lied anhören wollten.

»Wie heißt es?« fragte einer der Freunde, als der Song zu Ende war.

»Svarta glas. Wie findest du es?«

»Das ist ein Hit, ganz sicher. Was willst du mit dem Song machen?«

»Ich weiß nicht genau«, sagte Per.

Kjelle Andersson war der Meinung, daß Per unbedingt wieder eine Solo-Platte aufnehmen sollte. Obwohl die letzte Platte nicht so erfolgreich war wie erwartet, war Kjelle sicher, daß Per noch mehr auf dem Kasten hatte. Also reiste

Wir beide sind zusammen – ein Duo!

Per nach Stockholm und spielte ihm und einigen Kollegen seine Demokassette vor, auf der auch der Song »Svarta glas« zu hören war.

Rolf Nygren, Vizepräsident von EMI, reagierte sofort auf das Lied. »Können nicht du und Marie diesen Song aufnehmen? Hattet ihr nicht sowieso geplant, etwas zusammen zu machen?«

Ja, das hatten sie, dachte Per. Aber das war früher. Jetzt hatte Marie ihre eigene Karriere und war auf dem Weg zur Spitze. Ihre Platten verkauften sich gut. Sie machte Tourneen und begeisterte das Publikum. Sie tauchte fast in jeder Zeitschrift auf, und man hörte ihre Songs fast jeden Tag im Radio. Marie hatte sich einen Namen gemacht und ihren eigenen Stil gefunden. Ihre Songs handelten vom Meer, von der Natur und Gefühlen. Das war genau das Richtige für die schwedische Seele. Natürlich liebte sie Rock von ganzem Herzen, aber in ihr Repertoire würde »Svarta glas« nicht passen. Ihre Texte hatten eine Tiefe, die nicht in simplen Popsongs auftauchte.

»Das hat doch im Moment gar keinen Sinn«, sagte Per. »Es ist zu spät.«

»Frag sie!« bat Rolf. »Ihr seid doch gute Freunde.«

»Svarta glas« paßte eigentlich auch nicht zu Pers Stil. Die beiden Solo-Platten, die er unter seinem Namen veröffentlich hatte, klangen ganz anders als die Hits von Gyllene Tider und dieser neue Song.

Es dauerte also einige Zeit, bis er etwas unternahm. Er mußte nachdenken.

Eines Tages fragte er Marie, ob sie nicht etwas gemeinsam machen wollten. Marie hörte sich den Song an. Sie war ebenfalls der Meinung, daß der Refrain das gewisse Etwas hatte. Aber sie wußte nicht so richtig, was sie sagen sollte.

»Das klingt zwar gut, aber es paßt irgendwie nicht zu mir«, sagte sie. »Es ist mir eine Spur zu poppig.«

»Ich könnte einen englischen Text dazu schreiben und

Roxettes erster TV-Auftritt in Deutschland – bei Formel Eins *im März 1989*

Die erste Fotosession mit BRAVO

Kristianstad, Schweden, Juli 1989

Pers Arbeitszimmer in Halmstad

Maries früheres Zuhause in Halmstad

Wo alles begann

Endlich: Pers und Maries erster Gold-Otto '92

Am Strand von Tylösand

Soundexperten unter sich: Per & Clarence

On Tour

Video »The Big L«

Die Band vor dem rosa Schloß in Kristinekov

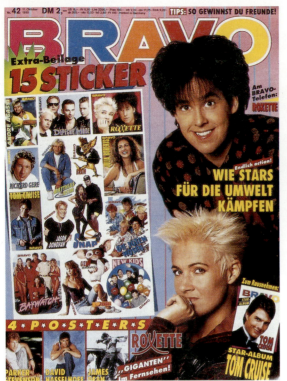
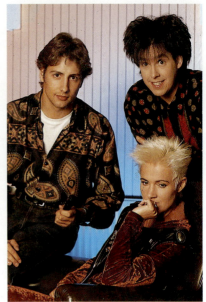

Per und Marie mit Alex Gernandt

Formel Eins *bei Roxette*
in Stockholm

das Arrangement verändern«, schlug Per vor, obwohl er kaum Hoffnung hatte, daß Marie ja sagen würde.

Marie hatte eigentlich nichts dagegen, etwas mit Per zu machen. Sie dachte an ihre langen Gespräche vor einigen Jahren, als sie stundenlang im Restaurant Karl XI. diskutiert hatten. Damals hatten sie sich oft vorgestellt, wie sie gemeinsam durch Europa und Amerika tourten. Träume, natürlich, aber für sie war es eine Herausforderung, englisch zu singen und dadurch noch mehr Menschen zu erreichen. Manchmal dachten Per und sie in die gleiche Richtung, obwohl sie so unterschiedliche Persönlichkeiten waren. Die langjährige Freundschaft, die sie aufgebaut hatten, bedeutete Marie sehr viel. Und sie hatte nichts dagegen, ihren alten Träumen eine Chance zu geben...

Per mußte sie also gar nicht überreden.

»Um diesen guten Song noch außergewöhnlicher zu machen, werden zwei Stimmen benötigt«, bestimmte Rolf Nygren. »Nehmt das Lied auf, und dann hören wir uns das Resultat an. Und wenn es einem von uns nicht gefällt, werfen wir die Aufnahme in die Mülltonne.«

»Wir singen ihn auf englisch«, fügte Marie hinzu.

Per brauchte nicht lange, um den Text zu schreiben. Der Song hieß jetzt »Neverending Love«. Wenn die Produktion gut ist, könnte man sogar versuchen, die Platte im Ausland zu veröffentlichen. Langsam wuchs die Hoffnung, daß ihre wilden Phantasien Wirklichkeit werden könnten.

Für die Aufnahmen wurde Clarence Öfwerman als Produzent engagiert. Er war ein junger, anerkannter Musiker, der nun auch als Produzent tätig war. Er selbst spielte die Tasteninstrumente, Werner Modiggard übernahm das Schlagzeug, Tommy Cassemar spielte Bass und MP Gitarre. Als sie sich gemeinsam das Resultat anhörten, waren alle zufrieden.

»Ständig werden irgendwelche Singles veröffentlicht, die nicht halb so gut sind wie diese«, sagte jemand von der Plattenfirma. »Mit etwas Glück können wir diese Platte sogar in Deutschland oder Holland veröffentlichen.«

Als die Zeitungen erfuhren, daß Marie Fredriksson und Per Gessle gemeinsam eine Platte aufgenommen hatten, wuchs die Neugier. Alle Musikjournalisten wollten wissen, was es damit auf sich hatte. Alle Eingeweihten vereinbarten, daß man nur mitteilen würde, daß Per und Marie ein gemeinsames Hobby-Projekt hatten, nichts weiter.

In den folgenden Wochen zeigte sich, daß es schwerer war als erwartet, die Nummer im Ausland zu veröffentlichen. Denn bei Roxette handelte sich um ein unbekanntes Duo ohne internationale Erfolge.

Erneut begann eine Diskussion. Diesmal ging es darum, ob man die Platte nicht doch in Schweden veröffentlichen sollte.

Marie hatte viele Freunde und Ratgeber, die alle davon abrieten, einen einfachen Popsong mit Per Gessle zu veröffentlichen. Das war einfach nicht ihr Musikstil. Sie konnte sich damit die ganze musikalische Zukunft zerstören. Marie sollte keinen Pop mit englischen Texten singen.

Per versuchte nicht, sie zu etwas zu überreden, was sie nicht wollte. Aber das war auch gar nicht notwendig. Marie entschied selbst, daß es schön wäre, diese Platte in Schweden zu testen. Die alten Träume waren ihr wichtig. Sie wollte wissen, wie dieses Projekt ankommen würde, und fand, daß ihre beiden Stimmen zusammen sehr interessant klangen.

»Gut, dann laß uns die Platte ganz anonym veröffentlichen. Ohne Bilder von dir und mir«, schlug Per vor. »Nur ein Cover, auf dem ›Roxette‹ steht. Wenn das funktioniert, dann wissen wir zumindest, daß es ein guter Song ist. Verkauft sich die Platte nicht, können wir das Projekt beenden.«

Immer noch waren viele Freunde und Ratgeber der Mei-

Das erste offizielle Roxette-Foto

nung, daß es dumm von Marie sei, auf diese Art ihre Solo-Karriere aufs Spiel zu setzen. Trotzdem wollte sie sich jetzt ganz auf Roxette konzentrieren. Per wußte, daß sie einen mutigen Entschluß gefaßt hatte. Nie zuvor hatte er sie so respektiert wie jetzt.

Per und Marie verband ihre Freundschaft und der Traum, mit ihrer Musik auch in anderen Ländern aufzutreten.

Jetzt konnte es losgehen und die Platte gepreßt werden.

Ein Risiko bestand darin, daß die Platte untergehen würde und im Sommerloch verschwand.

Vielleicht konnte man der Platte ein bißchen Extra-Aufmerksamkeit verschaffen. Per dachte daran zurück, was er alles auf die Beine gestellt hatte, um mit Gyllene Tider Beachtung zu finden. Er hatte damals wirklich hart gearbeitet. Wie viele Briefe und Kassetten hatte er an Rundfunksender und Journalisten geschickt? Wie viele Stimmkarten an die Radio-Hitparaden, wo die Hörer ihre Hits wählen durften? Das hatte ihm immer sehr geholfen. Vielleicht funktionierte das jetzt noch einmal!

Es gab eine spezielle Sommerhitparade im Radio »Sommartoppen«, an die man schreiben konnte und sich neue Songs wünschen konnte.

Per rief seine Freunde an. In Stockholm, Halmstad und Malmö.

»Könnt ihr so nett sein und einen Stapel Postkarten an ›Sommartoppen‹ schicken?« bat er sie, und alle erklärten sich bereit.

Es war wichtig, daß die Postkarten von überall her kamen und nicht alle in Halmstad abgestempelt waren. Diesen Fehler hatte er einmal bei Gyllene Tider gemacht. Sie durften auch nicht die gleiche Handschrift haben, das wäre zu plump. In Malmö half ihm ein Freund, der in einer Firma arbeitete. Er kaufte viele verschiedene Postkarten, frankierte sie mit verschiedenen Briefmarken und schaffte es, die halbe Firma für die »Sommartoppen« zu begeistern.

Natürlich kam »Neverending Love« in die Sendung. Nicht nur Pers Freunde hatten das Lied gewählt, sondern auch viele andere Hörer. »Neverending Love« wurde 1986 der Sommerhit in Schweden! Per, Marie und die ganze Plattenfirma jubelten.

Roxette hatten nun ihren ersten Hit – allerdings im »falschen« Land, man wollte ja eigentlich damit das Ausland, Deutschland, Dänemark, Norwegen, erobern. Es war immer noch ein weiter Weg bis dahin.

Per und Marie wußten, daß viel Arbeit nötig war, damit ihr Hobbyprojekt mehr als eine Eintagsfliege wurde.

Und obwohl Per ironisch meinte, was er da auf das erste offizielle Roxette-T-Shirt drucken ließ, fanden viele den Spruch zu großkotzig:

»ROXETTE. Heute Schweden – morgen die Welt.«

Pearls of Passion

Obwohl die Single »Neverending Love« ein großer Hit war, lief der Verkauf der LP, »Pearls of Passion«, doch eher bescheiden.

Das merkten auch Marie und Per, als sie zusammen mit EMI-Promotionchefin Marie Dimberg in einem alten Volvo quer durchs Land fuhren, um Werbung für das neue Album zu machen. In Malmö und Lund konnte man wirklich nicht davon sprechen, daß sich die Leute in die Plattengeschäfte drängten, um sich handsignierte Platten geben zu lassen. Einen Tag später, in Växjö, ging es etwas besser. Und zu Hause in Halmstad natürlich auch. Als sie die Endstation ihrer Reise, die Schallplattenabteilung des großen Kaufhauses NK in Stockholm, erreicht hatten, drängten sich dort die Menschenmassen.

»Wir sind ein paar Wochen zu früh herumgereist. Da wußten die Leute noch nicht einmal, daß es die Platte gab«, analysierte Per die Situation.

Sie hatten jetzt gelernt, daß das Timing, ein Schlüsselwort in der Branche, wahnsinnig wichtig war: die richtige Sache zur richtigen Zeit!

Marie Dimberg hatte die Gyllene-Tider-Hysterie nie miterlebt, da sie zu der Zeit im Ausland war. Als sie wieder nach Hause kam, begann sie als Sekretärin von Rolf Nygren bei

Autogrammstunden gehören zum Job

EMI. Aber eigentlich wollte sie lieber Promotion machen, und als der PR-Chef ging, übernahm sie die PR für schwedische Produkte.

Per Gessles Single »Bla December« Weihnachten 1984 war einer ihrer ersten Aufträge.

Am Anfang begriff sie nicht, warum Per sie ständig anrief. Per war kein Popstar, der sich damit zufriedengab, Songs zu schreiben. Er wollte in alles einen Einblick haben. Dimberg lernte viel von Per. Als sich Gyllene Tider aufgelöst hatten, rief er sie an:

»Sollten wir nicht eine Pressemitteilung herausgeben?«

Marie hatte überhaupt noch nicht in die Richtung gedacht, aber natürlich war es wichtig, eine Pressemitteilung zu schreiben.

Auch Marie Fredriksson war eine der ersten Künstlerinnen, mit denen Marie Dimberg arbeitete. Ihr erstes Produkt war »Den sjunde vagen«.

Mit ihren gleichen Vornamen sorgten sie für viel Verwirrung. Marie Fredriksson wurde zwar von allen Freunden Majsan genannt, aber um Verwechslungen gänzlich auszuschließen, wurde Marie Dimberg ab sofort nur noch Dimman genannt.

Für Per war der Erfolg von »Neverending Love« eine große Überraschung. Er hatte schon mit einer dritten Solo-Platte gerechnet und dafür die besten Lieder ausgewählt. Aber die Zusammenarbeit mit Lasse Lindbom war in diesem Zusammenhang beendet.

»Per, ich leide unter dem Gyllene-Tider-Syndrom. Ich habe das Gefühl, daß ich alles, was du jetzt machst, vorher schon einmal gehört habe. Ich kann nicht mal mehr sagen, ob es ein guter oder ein schlechter Song ist. Wir können uns nichts mehr gegenseitig geben«, meinte Lindbom, als sie sich auf einen Kaffee trafen.

Per hatte das gleiche Gefühl. Nach vier Gyllene-Tider-

Platten und zwei Solo-LPs einigten sie sich, in Zukunft getrennte Wege zu gehen.

Als es daran ging, einen geeigneten Produzenten für die Single »Neverending Love« zu finden, fragte Per den Sänger und Produzenten Anders Glenmark.

Anders versprach, sich die ganze Sache durch den Kopf gehen zu lassen. Aber dann sagte er ab. Dann fragte Per Clarence Öfwerman.

Anfangs zweifelte Clarence. Die ersten Platten von Gyllene Tider gefielen ihm zwar, aber Pers Solo-Ambitionen rissen ihn nicht vom Hocker. Außerdem wollte er nicht seine Freunde in der Band »Passagerarna« im Stich lassen. Clarence spielte Keyboards, Micke Jahn Gitarre, Pelle Alsing Schlagzeug, Johan Lindell sang, und Tommy Casssemar spielte Baß.

Es war Pelle Alsing, der Clarence überredete. Er hatte Gyllene Tider immer bewundert und war der Meinung, daß Clarence den Produzentenjob annehmen sollte.

»Na gut, es ist ja bloß eine Single«, dachte Clarence und sagte zu.

Die Zusammenarbeit funktionierte gut, und Clarence gefiel der Song sogar. Deshalb sagte er auch zu, als eine Roxette-LP geplant wurde.

Allerdings stellte er Bedingungen. Er wollte seine Bandkumpels in das Projekt miteinbeziehen. Cassemar hatte bereits bei »Neverending Love« mitgespielt, aber Clarence wollte auch seinen Lieblingsgitarristen Jonas Isacsson und den Schlagzeuger Pelle Alsing dabeihaben. Es machte einfach mehr Spaß, mit Musikern zu arbeiten, die man gut kannte.

»Pearls of Passion« wurde in Schweden ein recht großer Erfolg, aber das ganze Konzept war aufs Ausland ausgerichtet. Andere Länder reagierten so gut wie nicht auf das Album – trotz der englischen Texte.

Die ersten Goldenen Schallplatten

Doch eines Tages rief der Produzent der deutschen TV-Show »Pink« an. Ein anderer Künstler hatte kurzfristig abgesagt, und nun fragte er bei Roxette an, ob sie einspringen könnten.

Dimberg rief sofort Per und Marie an. Das war die Chance, endlich mal nach Europa zu kommen.

Roxettes erste Fernseh-Show im Ausland war einmalig. Das hatte diverse Gründe:

»Pink« war eine Live-Show, die mal aus einem Tierpark, mal aus einer Firma oder von irgendeinem Marktplatz aus gesendet wurde. Die Sendung, in der Roxette auftreten sollten, wurde von einem Krankenhaus aus übertragen. Status Quo und Roxette waren die musikalischen Gäste.

Eine Visagistin, die auch für eine deutsche Meisterin im Kugelstoßen durchgegangen wäre, empfing Marie und schmierte ihr blauen Lidschatten auf die Augenlider.

»Hör auf!« sagte Marie und wurde richtig sauer.

Sie schminkte sich lieber selbst.

Als sich die kräftige Dame dann an Pers Haarschopf zu schaffen machte, war alles zu spät. Per flippte total aus. Keiner durfte irgend etwas an seiner Frisur verändern.

Status Quo mimten ihren Hit »In the Army now« zum Playback, und die Bandmitglieder Francis Rossi und Rick Parfitt tanzten mit einigen Krankenschwestern und grinsten dabei verstohlen.

»Was ist denn das hier überhaupt?« fragten sich Per und Marie und bekamen es mit der Angst zu tun.

Sie selbst wurden zum Playback von »Neverending Love« auf einem fahrbaren Krankenbett in den Krankenhaussaal geschoben. Überall saßen Patienten in Gips, manche hingen am Tropf. Das war wirklich krank, ganz absurd. Per erinnerte das alles an seine Jugend, als er und sein Kumpel Pedda als Landmusikanten in verschiedenen Krankenhäusern aufgetreten waren. Er stellte sich vor, daß das damals im Fernsehen übertragen worden wäre. Er mußte lachen.

Roxette waren überglücklich, daß sie überhaupt im deutschen Fernsehen auftreten durften, und ließen deshalb einige unangenehme Dinge über sich ergehen. Mit der Zeit gewöhnten sie sich daran.

Der Europachef vom EMI, Roel Kruize aus Holland, hatte schon während der Gyllene-Tider-Ära an den Hit-Experten Gessle und sein Talent, gute Popmusik zu machen, geglaubt. Deshalb unterstützte er Roxette von Anfang an. Aber nicht überall flogen Roxette die Sympathien zu. Es war ein harter Job, ständig herumzureisen und die Leute von seinen Qualitäten zu überzeugen. Oft hatten die Hotels, in denen sie übernachteten, kaum Mittelklasse-Standard. In einigen Ländern wußten die Leute noch nicht einmal, daß Roxette ein Duo war. Frankreich, der weiße Fleck in der Poplandschaft, gehörte dazu.

Als die Band bei einer TV-Show in Paris auftreten sollte, wurde Marie eine elegante Garderobe zugeteilt, während Per und der Rest der Gruppe sich einen Raum im Keller teilen mußten.

»Entschuldigung, aber Per ist die andere Hälfte von Roxette«, versuchte Marie Dimberg zu erklären.

»Nein, nein, Roxette, das ist sie da«, sagte das französische Scriptgirl und deutete auf Marie. »Die Band soll sich im Keller umziehen.«

Am Ende gaben sie auf. Doch jetzt gab es ein neues Problem.

Per gab seine Bühnenklamotten zum Bügeln. Dann waren sie plötzlich verschwunden.

»Wo sind sie?« wunderte er sich und schaute verzweifelt auf die Uhr. Der Auftritt rückte näher.

Gleichzeitig klopfte es oben an Maries Garderobentür.

»Hier sind ihre Hemden.«

»Aber ich habe keine Hemden abgegeben. Die müssen Per gehören«, versuchte sie zu erklären.

»Nein, keinesfalls. Wir bügeln nie die Sachen der Band. Nur die von Roxette«, kam die Antwort.

Also nahm Marie die Hemden und ging selbst zu Per in den Keller. Anhand dieses kleinen Zwischenfalls merkten sie, daß Frankreich wohl nicht leicht zu erobern sein würde.

Roxettes Live-Premiere

Trotz der Bemühungen in Deutschland, trotz Hunderten von Interviews und zahlreichen TV-Auftritten waren Roxette weiterhin nur in Schweden erfolgreich. Und zu Hause wuchs die Neugier auf sie. Die Fans hatten bisher noch keine Chance, Per und Marie live zu sehen. Roxette konnten sich jetzt nicht länger vor ihren Fans verstecken. Eine Tournee mußte gestartet werden. Es war nur die Frage, wann und wie.

Die Idee stammte von Blixten Henriksson, der fast alle großen Tourneen in Schweden veranstaltete.

»Im Sommer sollten wir eine Tournee zu dritt machen«, schlug er vor. »Ratata, Eva Dahlgren und Roxette wären eine unschlagbare Kombination und würde zusammen viel mehr Publikum anlocken als jeder allein!« Diese Tournee sollte etwas ganz Einzigartiges werden. Geplant waren Open-Air-Konzerte mit jeweils 10000 Zuschauern. Die Bühne sollte so groß sein wie ein Hochhaus und mit tollen Lichteffekten ausgestattet werden.

Im Sommer 1987 fiel der Startschuß für die »Rock runt Riket«-Tour (Rock durchs Reich) in der Stadt Varberg.

Marie und Per waren froh, daß sich nicht die gesamte Aufmerksamkeit auf sie richtete. Nachdem Roxette noch nie zuvor ein eigenes Konzert gegeben hatten, waren sie unsicher, wie die Bühnenshow ablaufen sollte.

Sie stellten eine Band mit guten Musikern zusammen. Matts Alsberg am Baß, Henrik Janson an der Gitarre, Pelle Alsing am Schlagzeug, Clarence Öfwerman am Klavier, Pelle Andersson Percussions und Piano sowie Marianne Flynner als Background-Sängerin. Gitarrist Jonas Isacsson erhielt auch ein Angebot, aber er lehnte ab, weil er lieber mit Eva Dahlgren und Ratata auftreten wollte und nicht bei mehr als zwei Acts mitspielen wollte.

Die große Frage war, wie die Auftrittsreihenfolge aussehen sollte. Das Schwerste, nämlich als Anheizer aufzutreten, übernahm überraschend Eva Dahlgren. Aber wer sollte die Ehre haben, das Konzert zu beenden? Es wurde hin und her diskutiert, bis man sich für Roxette entschloß. Sie hatten den letzten Hit, waren am aktuellsten.

Der Premierenabend in Varberg war der dunkelste, kälteste, stürmischste und regnerischste Abend der letzten Monate. Die Leute froren und zitterten vor Kälte, aber da Schweden gewöhnt sind, bei Open-Airs zu frieren, ließen sie sich die 12 000 in der Festung von Varberg ihre gute Laune nicht durch das Wetter verderben. Es stürmte, und man konnte fast das Meer und die Wogen hören. Am meisten stürmte es auf der Bühne. Es war vergebliche Mühe, die Bühnendekoration aufzubauen. Sie wäre im Nu weggeblasen worden. Aber Eva Dahlgren konnte die Menge dennoch in ihren Bann ziehen, und als sie die Bühne verließ, nahm der Jubel kein Ende.

Ratata hatten den Ruf, eine langweilige und steife Synthie-Band zu sein, die noch nie eine gute Bühnenshow hingelegt hatte. Sie hatten sich auch nie besonders angestrengt, dieses Image loszuwerden. Wenn sie eigene Konzerte gaben, kamen die Fans sowieso. Aber jetzt standen sie in einer Konkurrenzsituation, und sie entwickelten Ehrgeiz. Sie kamen mit einer überraschend witzigen Show und schafften es, die Zuschauer zu begeistern. Man merkte, daß sie beweisen wollten, wer von den Bands am erfolgreichsten

Ruhe vor dem Sturm...

war und daß eigentlich sie als Headliner hätten spielen sollen und nicht etwa Roxette.

Doch die Fans warteten gespannt auf Roxettes Live-Premiere. Dies war ihre erste Show. Als Per und Marie, beide leicht nervös, die Bühne betraten, kannte der Jubel keine Grenzen.

Aber irgendwas lief falsch. Nach einigen Songs hatte man den Eindruck, als würde der Sturm stärker werden. Der Sound wurde schlechter und die Publikumsreaktionen immer schwächer. Marie versuchte alles, damit die Zuschauer wieder in Stimmung kamen. Erst gegen Ende des Konzerts, bei den Songs »Neverending Love« und »Soul deep«, begannen die Zuschauer wieder zu jubeln. Aber damit waren weder Per noch Marie zufrieden. Keiner von beiden hatte zuvor so eine schwache Publikumsreaktion erlebt. Gyllene Tider hatten ihr Publikum immer von der ersten bis zur letzten Minute im Griff gehabt und Marie eigentlich auch. Jetzt mußten sie einsehen, daß das Konzert ein Erfolg für Ratata war, nicht für Roxette.

Nach ihrer mißglückten Live-Premiere zogen sie sich mit ihren Musikern zurück und diskutierten darüber, was schiefgelaufen war.

»Das können wir besser, oder?« sagte Marie trotzig.

»Wir haben zuwenig Songs«, meinte Per. »Im Gegensatz zu Ratata können wir nicht auf alte Hits zurückgreifen. Wir haben nur eine einzige LP. Das reicht nicht für einen so großen Auftritt.«

Roxette kamen erst spät zur After-Show-Party im Hotel Varberg und wurden meist höflich gefragt, wie es denn gelaufen sei. Die Enttäuschung konnten Per und Marie nicht vertuschen, auch wenn sie sich alle Mühe gaben. Sie planten eine Revanche. Die Tournee hatte zwar nicht so gut begonnen, aber sie hatten noch fünfzehnmal die Möglichkeit, das Ruder rumzureißen.

Sie mußten nur zwei Dinge tun: erstens sich auf der Bühne noch mehr einsetzen, und zweitens die Songfolge so ändern, daß auch nach dem starken Anfang und vor dem starken Ende genug passierte. Es gab viele Möglichkeiten.

Ein paar Abende später fühlten sie sich besser. Jetzt wußten sie, daß Ratata das Publikum gut im Griff hatte und daß sie darauf mit einer einstündigen Attacke antworten mußten. Die Band wuchs über sich hinaus, schuftete wie verrückt. Alle gaben ihr Letztes. Bald gab es keinen Zweifel mehr, daß Roxette doch der wahre Headliner war!

Die Stimmung wurde von Tag zu Tag besser. Aber eines Abends konnten Marie, Per und Jonas nach der Show nicht richtig relaxen. Sie saßen in Pers Zimmer, tranken Rotwein und unterhielten sich.

»Wir müssen mehr Action machen«, sagte Per. »Dieses Hotel ist kein richtiges Rock 'n' Roll-Hotel!«

»Wir müssen es krachen lassen!« stimmte Marie zu.

»Laßt uns einen Fernseher aus dem Fenster werfen«, schlug Jonas vor.

»Okay, wir nehmen deinen«, sagte Per. »Es war ja schließlich deine Idee!«

Sie gingen in Jonas' Zimmer. Da bekam er es plötzlich mit der Angst und meinte: »Zum Teufel, nein, nicht diesen hier!«

»Feigling!« sagte Marie. »Machst du einen Rückzieher?«

»Okay«, sagte Per. »Dann nehmen wir eben Maries Fernseher. Sie ist jedenfalls kein Feigling.«

Das Trio ging in Maries Zimmer. Der Fernseher stand in der Ecke. Es sah so aus, als wolle er sich verstecken.

»Wie sollen wir ihn rauswerfen?« fragte Per. »Durch die Scheibe?«

»Nein, verdammt noch mal«, sagte Marie. »Aber warte mal... Ist dieser Fernseher nicht zu klein? Ist der Apparat in deinem Zimmer nicht viel größer, Per?«

»Klar! Ich habe natürlich immer den größten Fernseher, das steht auch im Vertrag«, scherzte Gessle.

»Dann laßt uns den nehmen!«

Das Trio ging zurück in Pers Zimmer. Dort stand ein großer, teurer Apparat.

»Der ist ideal«, freute sich Jonas.

»Also, Jungs, dann hebt ihn mal hoch«, sagte Marie. »Das ist Rock 'n' Roll!«

Per und Jonas konnten ihn kaum hochheben.

»Der ist verdammt schwer«, bemerkte Per.

»Man kann sich dabei die Wirbelsäule brechen«, meinte Jonas.

»Lassen wir's bleiben«, sagte Marie schließlich. Dann öffnete sie das Fenster und warf übermütig ihren Plastikbecher mit Rotwein hinaus. Per und Jonas taten das gleiche.

»Wow! Was für eine Action!« sagte Per. »Ein richtiger Rock 'n' Roll-Abend, oder!?«

Zum Abschlußkonzert nach Skeppsholmen in Stockholm lud Marie Dimberg ihre Plattenfirmen-Kollegen aus Deutschland, Belgien und Italien ein, um ihnen Roxette live vorzustellen. Die ausländischen Repräsentanten waren beeindruckt von dem, was sie sahen und hörten. Als sie wieder nach Hause fuhren, waren sie von Roxette begeistert!

Es geht voran

Roxette hatten zwar Erfolg, aber das Projekt stand noch nicht auf sicheren Beinen. Außerhalb Schwedens hatte sich noch nichts getan, aber das war ja das eigentliche Ziel. Während sie darauf wartete, daß etwas passieren würde oder daß man das Projekt fallenlassen würde, machte sich Marie Gedanken über die nächste Solo-Platte. Per war nicht begeistert von ihren Plänen und riet ihr auch dazu, noch ein bißchen zu warten. Er wußte natürlich, daß Marie dann auch auf Solo-Tournee gehen würde. Viel Zeit würde dadurch verlorengehen, Zeit, die man dazu verwenden könnte, an Roxette zu arbeiten. Aber Marie hatte sich schon entschieden. Jetzt wollte sie sich erst mal ihrer eigenen schwedischen Karriere widmen. Sie wollte ihr eigenes Publikum wiedersehen. Und sie wollte ihre eigene Musik schreiben.

Sie rief Lasse an. Marie fühlte sich sicher, wenn sie mit ihm arbeitete. Sie ergänzten sich im musikalischen Bereich perfekt. Lasse war der Meinung, daß sie ihre gemeinsame Studioarbeit noch perfektionieren könnten, indem sie auch zusammen komponierten. Er fand, daß Marie ihre Talente bisher nur teilweise eingesetzt hatte.

Aber ihre Zusammenarbeit war nicht mehr so intim wie früher. Mit dem Erfolg der letzten Solo-LP »Den sjunde vagen« hatte sich einiges verändert. Keiner der beiden hatte

Wieder mal auf Tournee

das Gefühl, daß es vorwärtsging. Sie versuchten, in Maries neuer Wohnung im Stockholmer Hammarbyhamnen zu arbeiten. Dort entdeckten sie lang vergessenes Material. Beide wußten, daß die dritte Platte besonders gut sein mußte. Mit nur zwei erfolgreichen Alben kann sich kein Künstler langfristig etablieren. Mit der dritten Platte zeigte sich meist, ob der Erfolg von Dauer sein würde.

»Jag brände din bild« (Ich verbrannte dein Foto), diesen Satz fand Lasse in einem alten Notizbuch. Er konnte sich nicht erinnern, wann er den Text geschrieben hatte, aber es war eindeutig seine eigene Handschrift. Einen Moment dachte er, es sei eine Übersetzung, was bedeutet hätte, daß man den Song kaum für die Langspielplatte verwenden konnte. Aber sie fanden, daß der Song zum restlichen Material paßte. Rein zufällig handelten nämlich mehrere Lieder von Eifersucht, Enttäuschung und Trennung.

Die Kritiker und Plattenkäufer hörten die Texte interessiert an, die sie alle mehr oder weniger mit Maries und Lasses gescheiterter Beziehung in Verbindung brachten. Der Albumtitel »Efter Stormen« (Nach dem Sturm) deutete ebenfalls daraufhin, daß es sich um eine autobiographische Platte handelte. Marie und Lasse selbst dachten eigentlich weniger an die Vergangenheit, sondern nahmen die Songs auf, von denen die meisten schon vor langer Zeit getextet worden waren. »Efter Stormen« schrieb Marie als allerletzten Song, nachdem sie gemerkt hatte, daß sich keiner der bisherigen Songs als Single eignete. Mit diesem Stück konnte sie sich beweisen, daß sie auch unter großem Zeitdruck einen guten Song schreiben konnte. Als es der erfolgreichste Song der LP wurde, war sie stolz.

Ihr eigenes Lied war in den Hitparaden! Über 200000 Menschen kauften das Album. Das waren fast doppelt soviel wie beim letzten Album. Jetzt wußte Marie, daß sie ganz oben war. Jetzt wollte sie durchs Land reisen und für ihr Publikum spielen. Sie freute sich auf ihre nächste Tournee.

Aber mitten in diesem Freudentaumel hatte sie große private Sorgen. Sie dachte an ihren Vater, der das alles leider nicht mehr miterleben konnte. Er war es doch gewesen, der sie immer wieder motiviert hatte zu singen. Er hätte sich am allermeisten über ihren Erfolg gefreut.

Als sie im Studio stand und den Song »Om du sag mig nu« (Wenn du mich jetzt sehen könntest) sang, kamen ihr die Tränen. Sie mußte an ihren geliebten Vater denken. Sie sang nur für ihn allein.

The Look

Eigentlich wollte Per ein Lied im ZZ-Top-Stil für die neue Platte schreiben. Deshalb hatte er sich an seinen Computer-Synthesizer gesetzt. Aber was dabei rauskam, war dann doch mehr Pop als Bluesrock, und weil er zu dieser Zeit sehr viele Songs komponierte, zum Beispiel »Chances« und »Paint«, blieb der neue Song dann erst mal liegen.

Mehrere Monate vergingen, bis Per diesen Song wieder herauskramte. Vielleicht konnte er doch noch was mit ihm anfangen. Er hatte zum ersten Vers einen Hilfstext geschrieben, um sich besser an den Rhythmus und die Melodie erinnern zu können. Es war ihm zu langweilig, nur die Akkorde niederzuschreiben.

»Walking like a man«, so hieß ein Song von Ten Years After. »Hitting like a hammer...« »She's a juvenile scam«. Juvenile war ein Wort aus dem Mott the Hoople-Song »All the young dudes«, scam tauchte auf der Platte »The Royal Scam« von Steely Dan auf. Per puzzelte weiter. Nick Lowe verwendete mal quitter, »Never was a quitter« klang gut. »Tasty like a raindrop« hörte sich auch gut an. Aber zusammengemixt klang es etwas eigenartig. Na gut, mit etwas Phantasie konnte man wohl einen frechen Text zusammenreimen. Aber es fehlte noch irgend etwas Starkes. Dann traf ihn der Geistesblitz: »She's got the look«. Das war's!

Per begann wieder an dem Song zu arbeiten. Vielleicht

sollte er den Text nicht ändern, sondern lieber das ausarbeiten, was er schon hatte.

»Her loving is a wild dog«, war die nächste Zeile, die ihm einfiel. Jetzt mußte im nächsten Vers auch ein Tier auftauchen: »shaking like a mad bull«. Head-drum stand auf einem der Knöpfe des Synthesizers. »Banging on the head-drum« klang gut. »Swaying« hatte er mal auf der Rolling Stones-Platte »Sticky Fingers« gehört, und »naked to the t-bone« klang hart und paßte. Plötzlich war der Text fertig. Ein einziges Puzzle der Rockgeschichte.

»Wie findest du's?«, fragte er Asa.

»Das klingt gar nicht nach Roxette«, antwortete sie.

Ihr gefielen die meisten Songs, aber dieser überhaupt nicht.

Per begann zu zweifeln. »Dressed for Success« und »Dangerous« schienen wesentlich stärkere Singles zu sein. Aber als LP-Song war er wohl gut genug.

»Das ist ja super«!

Sowohl Marie als auch Clarence, die Pers Demo-Band in Stockholm anhörten, waren sich einig: Das war das Beste, was Per je gemacht hatte. Er selbst wunderte sich über das Lob und die Begeisterung über das Demo. Ihm gefielen die anderen Lieder viel besser.

»Stopp, noch einmal!«

Jonas saß im EMI-Studio und klimperte auf der Gitarre, während Clarence den Sound am Mischpult regelte.

»Was meinst du?« fragte Jonas verwundert.

»Das letzte, was du gespielt hast.«

Per und Clarence hatten sofort reagiert. Die Gitarrenmelodie, die Jonas spielte, paßte perfekt.

Irgendwie hatte Jonas an eine Melodie des Beatles-Songs »I want to tell you« von der »Revolver«-LP gedacht. Und plötzlich war daraus etwas Eigenes entstanden.

Er spielte es noch einmal. Per sah Clarence an und nickte zufrieden.

Jonas' Gitarrenmelodie ging Per nicht aus dem Kopf. Vielleicht konnte man noch mehr daraus machen, überlegte er. Dann traf es ihn wie ein Blitz:

»Können wir das nicht als Intro testen?« schlug er vor.

Das Gitarrensolo wurde an den Anfang des Songs gelegt und das alte Intro gelöscht.

»Super! Das war genau das, was fehlte und was dem ganzen Song noch einen Kick geben würde«, stellte Per zufrieden fest.

Da stand schon fest, daß nicht Marie den Song singen sollte, sondern Per. Marie war das recht. Sie sang lieber Texte, die sie nachempfinden konnte. Der Text von »The Look« war ihr zu abstrakt.

Jetzt lief die Arbeit an der neuen Platte wie geschmiert.

Per war mit dem Vorgänger »Pearls of Passion« nicht ganz zufrieden gewesen. Er hätte lieber einen etwas elektronischeren, moderneren Sound gehabt, aber Produzent Clarence entschied sich für die traditionelle Aufnahme, und letztendlich wurde die Platte eine Art Kompromiß.

Diesmal war es anders.

»Wir müssen einen frecheren, eigenen Sound entwikkeln«, fand Per. Die anderen nickten zustimmend.

Das Schicksal, oder besser: ein gebrochenes Bein, löste das Problem. Da Alar Suurna im Krankenhaus lag, mußten sich Roxette nach einem neuen Studiotechniker umsehen.

»Warum nehmen wir nicht Anders Herrlin?« schlug Alar vor. »Er macht den Job bestimmt genauso gut wie ich.«

Anders war nach dem Bruch mit Gyllene Tider nach Stockholm gezogen. Anfangs arbeitete er im Musikgeschäft Soundside. Dort wurde er Computer-Spezialist, was ihm wiederum die Türen für einen Techniker-Job im EMI-Studio in Skärmabrink öffnete.

Roxette imitieren die Beatles auf der Abbey Road in London 1988

Per nahm Kontakt auf mit Anders. Der alte Streit war vergessen, und mit Roxette sahen beide neue Möglichkeiten für eine Zusammenarbeit.

Das erste Lied, das sie testeten, war »Dangerous«. Sie nahmen es nur mit Synthesizern auf. Als dann »The Look« an der Reihe war, wußten Per, Marie und Clarence, daß sie den richtigen Mann gefunden hatten. Anders hatte das Zeug dazu, den Roxette-Sound zu verändern.

Es war fast selbstverständlich, daß er von nun an auch den Baßpart übernahm.

Per und Marie wollten diesmal noch einen Schritt weitergehen. Sie wollten einen ausländischen Produzenten testen, um auszuprobieren, ob man der Gruppe dadurch einen internationalen Touch geben könne. Per und EMI-Europachef Roel Kruize flogen nach England, um sich mit sechs verschiedenen Produzenten zu treffen. Für Roel war dies auch Teil einer Strategie, um den EMI-Büros außerhalb Schwedens zu zeigen, daß EMI auf das schwedische Duo setzte.

Die Wahl fiel zum Schluß auf Adam Mosely, der zuvor die Blow Monkeys produziert hatte. Im Juni 1988 flogen Per und Marie mit drei Songs im Gepäck nach London und gingen in die Trident-II-Studios. »View from a Hill« und »Chances« waren die Songs, die Clarence nicht gefielen. Sie waren ihm zu technisch, zu steril. »Cry«, eine Ballade, die Per und Marie gemeinsam geschrieben hatten, sollte ebenfalls hier produziert werden.

Dieser Song war das Lieblingslied von Adams, und deshalb wollten Per und Marie mit diesen drei Songs eine internationale Produktion testen.

Eigentlich funktionierte es überhaupt nicht. Sowohl Per als auch Marie hatten den Eindruck, daß Adam unnötig viel Umstände machte. Außerdem wurde der Gesang auf eine Art und Weise aufgenommen, die sie noch nie erlebt hatten. Nach 25 Aufnahmen wurde das Beste von jeder Aufnahme zusammengemischt.

Die beiden hatten eine wichtige Lektion gelernt. Das Gras auf der anderen Seite des Zauns ist auch nicht grüner. Und nicht alles, was aus dem Ausland kommt, ist besser als das aus Schweden.

»Look Sharp«, wie die neue Platte hieß, wurde ein großer Erfolg in Schweden. Die ganze Tournee war ausverkauft, und sie spielten zum ersten Mal in der Sannarpshalle, zu Hause in Halmstad. Aus unerklärlichem Grund wurde bei einem EMI-Meeting bestimmt, daß der Song »Chances« im Ausland als Single-Auskopplung veröffentlicht werden sollte.

Auf dem europäischen Kontinent rechnete man sich gewisse Chancen dafür aus. Roxette konnten nicht viel dazu sagen. Sie waren froh, daß überhaupt eine Single von ihnen im Ausland veröffentlicht wurde.

Aber Marie und Per selbst glaubten fest an »The Look«.

Marie Dimberg reiste Anfang Dezember nach Australien und Thailand, um Urlaub zu machen.

Jetzt stand sie auf einer einsamen Landstraße irgendwo zwischen Coffs Harbour und Sydney und versuchte, von einer Telefonzelle aus zu Hause anzurufen.

Weil es Wochenende war und das EMI-Büro nicht besetzt war, versuchte sie, mit einem Collect-Call Per zu erreichen.

»Hallo?«

»Hallo Per, hier ist Dimman. Wie geht's?« fragte sie, als sie ihn auf der anderen Seite der Erde endlich erreicht hatte.

»Shit! Wir verkaufen keine Platten«, antwortete Per enttäuscht.

»Aber 350 000 Platten habt ihr doch schon verkauft...«, versuchte sie ihn zu trösten.

»Ja, in Schweden! Aber im Ausland passiert überhaupt nichts!«

Die unglaubliche Radio-Story

In Minneapolis im US-Staat Minnesota gab es zwei große Radiostationen. Jede versuchte die meisten Zuhörer an sich zu binden und damit die größten Werbeaufträge zu bekommen. Eines Abends saß der Programm-Chef von KDWB mit seinem Discjockey bei einem Bier zusammen. Sie trafen sich regelmäßig und besprachen verschiedene Dinge.

An diesem Abend rief jemand an, der sich als Dean Cushman vorstellte. Die Woche zuvor war er während eines Hörerwunschprogrammes im Rundfunkstudio gewesen. Er hatte eine CD mitgebracht, und die wollte er jetzt wieder abholen. Er hatte sie während seines Urlaubs in Schweden gekauft und war der Meinung, daß der DJ von KDWB sich unbedingt diese Songs anhören sollte.

Eine ganze Woche hatte die CD herumgelegen, ohne daß sich jemand darum kümmerte.

»Okay«, sagte Brian. »Du kannst die CD abholen.«

»Wollen wir sie uns nicht einmal anhören?« sagte einer, als Brian den Hörer aufgelegt hatte. In dem Rundfunksender hörte man sich regelmäßig neue Platten an, um dann zu entscheiden, was auf die aktuelle Playlist kommen sollte. Aber diese CD, die ja auch nur geliehen war und außerdem aus Europa kam, hatten sie sich nicht angehört.

Jetzt legte Brian sie in den CD-Spieler, und dann erklang »The Look«.

*»The Look« aus der
LP »Look Sharp« wurde ein Welthit*

»Was um alles in der Welt ist denn das?« sagte jemand.
»Das klingt ja toll!«

»Hört euch den Text an... ›Tasty like a raindrop‹ ... ›her loving is a wild dog‹ ... ›what in the world can make a brown-eyed girl turn blue‹ ... ›fire in the ice naked to the T-bone‹ ... ›kissing is the wet sand‹. Klingt cool.«

»Wer ist das, wo kommt das her?«

»Unglaublich!«

Alle stellten ihre Biergläser zur Seite und begutachteten die CD-Hülle.

»Guck dir das Mädel an. Die sieht süß aus. Wie heißt sie? Roxette?«

»Das ist 'ne schwedische Band.«

»Aus Schweden? Gibt's denn so was? Nein, sie heißt nicht Roxette, sie heißt offenbar Marie. Wer zum Teufel ist Roxette? Sind die in Schweden bekannt? Oder ebenso unbekannt wie hier?«

»Was für eine Nummer! Spiel sie noch mal!«

Am gleichen Abend wurde Roxette das erste Mal im amerikanischen Radio auf FM 101,3 MHz in Minneapolis und in der Nachbarstadt St. Paul gespielt.

Und während der Song im Radio lief, klingelte das Telefon. Es waren Hörer, die wissen wollten, was das für ein Song sei.

»Spielt ihn noch mal«, baten einige Hörer.

In den nächsten Tagen und Wochen war »The Look« das meistgewünschte und meistgespielte Lied auf KDWB. Brian Philips und seine Kollegen besaßen nicht ein einziges Exemplar, aber sie hatten die CD auf Tonband aufgenommen. Und jetzt machte Brian Kopien von den Kopien, weil er einigen Freunden, die bei anderen Rundfunkstationen in den USA arbeiteten, den Super-Song schicken wollte. Sie sollten sich das mal anhören.

Brian schickte sonst nie Kassetten an andere Stationen. Aber jetzt war er der einzige, der diesen neuen guten Song hatte. Er fand, daß »The Look« eines der Lieder war, die im Radio besser klangen als auf dem CD-Spieler. Es hob sich so von allen anderen Songs ab, die im Radio gespielt wurden.

Und die Reaktionen kamen prompt. Aus New York, Dallas, Los Angeles und Kansas City bekam er Anfragen. »The Look« wurde mittlerweile überall gespielt. Seine Kollegen kopierten ihre Kopien und verschickten sie weiter. Es gab Kopien in der fünften und sechsten Generation, die in allen möglichen Radiostationen in den Vereinigten Staaten gespielt wurden.

In Amerika liebte man Wortspiele und Nonsens-Phrasen. Man verwendete sie die ganze Zeit, nicht nur, wenn es um Poptexte ging, sondern auch in lustigen Werbesprüchen und Kampagnen. »The Look« war ein einziger, langer Ohrwurm, der den Hörern gefiel. Immer, wenn das Eishockey-Team in Minnesota, die North Stars, Heimspiele hatten, wurde »The Look« als Erkennungsmelodie gespielt. Die ganze Halle sang den Text mit.

Dieser Schwede, der den Text geschrieben hat, wird nie verstehen, wie toll der Text ist, dachte Brian, als »The Look« stündlich in ganz Amerika im Radio gespielt wurde. Er war auch überzeugt, daß eine Person, die Englisch als Muttersprache hatte, nie so einen Text hätte schreiben können. Dieser Text kannte keine sprachlichen Hemmungen, und genau deshalb mochte man ihn.

»The Look« war genau das, was KDWB brauchte, um seinen ärgsten Konkurrenten an die Wand zu spielen. KDWB gewann, die andere Station verlor ihre Kunden und ihre Zuhörer und mußte schon bald darauf schließen.

Durch diese außergewöhnliche Radio-Geschichte wachte plötzlich die Plattenfirma EMI America aus ihrem Dornröschenschlaf auf.

»Roxette? Haben wir diese Gruppe nicht in Europa unter Vertrag?«

Nummer eins!

Am späten Abend des 28. März 1989 klingelt bei Per das Telefon.

»Ihr seid Nummer eins in Amerika!« – »›The Look‹ ist Number one in den Billboard-Charts«, schrie jemand ins Telefon.

Es war der damalige Roxette-Manager Thomas Erdtman. Roxette waren am gleichen Tag von einem Promotion-Trip nach Holland zurückgekommen.

»Wenn du jetzt nach Stockholm fährst und ich nach Halmstad, erobern wir sicher den ersten Platz der US-Charts«, meinte Per etwas abergläubisch.

Tief im Inneren hoffte er das natürlich, wagte es aber nicht richtig zu glauben. Madonnas Hit »Like a Prayer« stieg in den US-Charts immer höher, und selbst wenn Roxette die Bangles abhängen werden, gibt's immer noch Zweifel.

Wenige Minuten später klingelte das Telefon wieder. Es war kurz vor Mitternacht. Am anderen Ende der Leitung war Marie. Sie sprachen nicht viel, sondern lachten nur vor Glück. Marie war auf dem Weg ins Café Opera, um dort mit Freunden zu feiern, und zu Hause bei Per öffnete Asa eine Flasche Champagner zur Feier des Tages.

Auch die schwedischen Abendzeitungen riefen an. Das improvisierte Fest, das Asa und Per in aller Eile organisiert hatten, wurde immer wieder vom Klingeln des Telefons und von hereinstürmenden Fotografen unterbrochen.

Nummer eins in Amerika. Das hatten bisher nur Björn Skifs & Blue Swede am 6. April 1974 mit »Hooked on a Feeling« und ABBA am 9. April 1977 mit »Dancing Queen« geschafft.

Jetzt, in der Nacht zum 29. März 1989, hatten es auch Roxette geschafft. 50-41-31-25-13-8-4-3 und – 1. Neun Wochen brauchten sie, um den ersten Platz zu erobern. Allein das war schon phantastisch; denn die meisten Songs brauchten mindestens zwölf, dreizehn Wochen, um an die Spitze zu kommen. Plötzlich merkte Per, daß es fast genau ein Jahr her war, als er und MP im Studio waren, um das Demo-Band von »The Look« aufzunehmen.

In dieser Nacht wurde nicht viel geschlafen. Unruhig wälzte sich Per im Bett und überlegte, was nun alles zu tun sei. Als das Telefon früh morgens klingelte, hatte er das Gefühl, nicht einen Moment geschlafen zu haben.

»Hallo Per, hier Dimman. Du mußt schnell nach Stockholm kommen. Wir müssen eine Pressekonferenz arrangieren.«

Marie schaffte es nach der nächtlichen Party kaum, ins Büro zu kommen. Dann ging der Trubel los. Alle riefen an und gratulierten. Dimman, die bis dahin höchstens eine einzige große Pressekonferenz arrangiert hatte, nämlich für Tina Turner, organisierte noch am gleichen Nachmittag eine Pressekonferenz für Roxette.

Per flog mittags nach Stockholm. Irgendwie hatte er es bis zum Abflug geschafft, ein Interview für die Radio-Show »Efter Tre« zu geben, zu telefonieren und den Anrufbeantworter abzuhören, die Faxe zu lesen, Blumen entgegenzunehmen, Koffer zu packen und auch noch das Flugzeug rechtzeitig zu erwischen. Immer wieder erzählte er, wie das Lied vor exakt einem Jahr in seiner Wohnung entstand, daß

*Nummer eins in Amerika! Per und Marie feiern
im Café Opera in Stockholm*

der Songtext zuerst nur ein Hilfstext war und daß sein größter Traum in Erfüllung gegangen sei. Jetzt mußten er und Marie alles noch einmal erzählen. Auf der Pressekonferenz und im Fernsehen. Und eine weitere Antwort mußten sie immer wieder geben: »Nein, wir sind kein Paar!«

Seit diesem Tag Ende März war nichts mehr wie früher...

Für Per war das ein großer Kick. Denn erst hatten ihn die Zeitungen wegen seiner Stimme niedergemacht, und dann sagte ihm auch Roffe Nygren, daß er nicht an »The Look« glaubte, weil Per ihn sang. Das kostete den EMI-Chef einige Prozente bei den kommenden Royalty-Verhandlungen. So schlecht konnte ja seine Stimme gar nicht klingen, dachte Per. Es war ja immerhin die Stimme, die die Billboard-Charts anführte. Plötzlich war sein Selbstvertrauen wieder da.

»Nummer eins in den USA...« Per ließ sich jedes Wort auf der Zunge zergehen. Aber er hatte immer noch Probleme, es richtig zu begreifen.

Thomas Erdtman war nur vorübergehend Mitglied der Roxette-Organisation. Die Band hatte sich lange überlegt, ob sie sich einen Manager nehmen sollte, aber als EMI America und einige andere Firmen die LP »Look Sharp« ablehnten, sahen alle ein, daß man etwas unternehmen mußte.

»Wir können ja mal Erdtman ausprobieren«, schlug einer vor.

Das klang gut. Er war geschickt und clever, was Marketing und PR anging, und alle wußten, daß er hinter dem Erfolg von Europe stand. Mit einer sechsstelligen Summe zur freien Verfügung schickte man Erdtman zur Probe, um der Welt Roxette zu verkaufen.

Aber es dauerte nicht sehr lange, bis Marie und Per einsahen, daß Erdtman nicht der richtige Mann für Roxette war.

»Jetzt mußt du ins Ausland ziehen«, sagte er zu Marie, als »The Look« in Amerika den ersten Platz erobert hatte.

»Was meinst du mit umziehen?« fragte sie verwundert.
»Na, ist doch klar, daß du ins Ausland ziehen mußt. Das Ganze wird ein Riesending«, fuhr Erdtman fort.
»Ich denke überhaupt nicht daran, aus Schweden wegzuziehen«, machte sie ihm klar.

Trotzdem waren es Thomas Erdtman und seine Sekretärin Marianne Djudic, die das erste Mal mit Roxette nach Amerika flogen. Alle versammelten sich in den Privathäusern von Europe auf Turks and Caicos auf den Bahamas und diskutierten die Zukunftspläne.

Marie fühlte sich unwohl. Sie und Dimman hatten immer viel Spaß auf den Reisen gehabt. Thomas war offenbar ein richtiger Gesellschaftsmensch. Aber sie kannte weder ihn noch Marianne. Deshalb fühlte sie sich einsam, vor allem, weil Per seine Asa mitgenommen hatte.

»Irgendwie kommt mir das hier falsch vor«, sagte Marie, als sie Dimman anrief.

Per saß in der Badewanne im Grand Hotel in Stockholm, als er den Vertragsentwurf bekam. Und plötzlich bekam er einen Lachanfall.

»Was ist los?« fragte Asa.
»Der ist doch nicht ganz normal«, schnaufte Per.
»Wer?«
»Erdtman! Das ist ja ein reiner Knebelvertrag. Was denkt der eigentlich, mit wem er es zu tun hat? Mit irgendwelchen unerfahrenen Teenagern?«

Roxette waren gewohnt, ohne Vertrag zu arbeiten. Aber Erdtman wollte nach dem amerikanischen Modell arbeiten. Sein endgültiger Vorschlag war ein Vertrag, der ihm einen großen Teil der Kontrolle zusprach, sogar, was eventuelle Soloplatten betraf. Das verstieß total gegen die Prinzipien von Roxette.

Per stieg aus der Badewanne. Zuerst ein Telefonat mit Marie, dann rief er Jan Beime an, um ihm Anweisungen zu geben. Danach schickte der einen Brief an Erdtman, unterschrieben von Per und Marie.

»Das riecht nach einem Begräbnis«, schrieb er.

Einige Tage später bot Finanzgenie Jan Beime Thomas Erdtman einen finanziell unakzeptablen Vertrag an. Erdtman akzeptierte ihn nicht, und somit war das Kapitel Thomas Erdtman für Roxette beendet.

Sommartider
(Sommerzeiten)

Eigentlich war es verrückt.
»The Look« hatte in unzähligen Ländern die Top-Position erreicht. Nummer eins in den USA, in Deutschland, Australien, Kanada, Spanien, Italien, Neuseeland, Österreich, Schweiz, Dänemark, Finnland, Norwegen, Island und natürlich in Schweden. Und Roxette hatten während ihrer 20 Konzerte auf der Sommertournee stolze 115 000 Zuschauer gehabt.
Aber der Sommerhit des Jahres in Schweden wurde »Sommartider«, die alte Nummer von Gyllene Tider!
Sieben Jahre, nachdem er die erste Goldene Schallplatte einheimste, verkaufte sich der Song wieder über 25 000mal. Gyllene Tider wurden jetzt nicht mehr als Teenie-Band bezeichnet, sondern als zeitlose Popgruppe anerkannt. Die jungen Typen, die damals die »Frechheit« besaßen, so viel Geld zu verdienen, waren mittlerweile erwachsene Männer.
Das Interesse an Gyllene Tider störte Per nicht. Und auch die anderen Bandmitglieder hatten nichts dagegen. Eine bessere Promotion konnten sie sich für ihre Jubiläums-LP »Gyllene Tider Instant Hits 1979–1989« gar nicht wünschen. Es wurde ein Doppelalbum, das außer 15 alten Hits auch sechs neue Songs unter der Bezeichnung »Pers Garage« enthielt.
Bei der lustigen Party zu Pers 30. Geburtstag spielten

Die Sommer-Tournee wurde ein Triumphzug

Gyllene Tider einige Songs, aber erst im September 1989 gab es dann die richtige Wiedervereinigung der Band – samt einem chaotischen Auftritt im Norre Kavaljeren in Halmstad. Gyllene Tider wurden 10 Jahre alt, und das mußte natürlich gefeiert werden.

Jetzt war Per mit »The Look« Platz eins in den USA. Aber die Tournee durch Schweden wurde deshalb nicht abgesagt – auch wenn die Verlockung groß war, statt dessen in die USA zu reisen.

»Das wäre Wahnsinn! Wir haben da nichts zu suchen und sollen dort auch nur als Vorgruppe auftreten. Das kostet viel Geld. Wir werden Verluste machen und ein schlechtes Image bekommen, wenn nicht genug Leute zu den Shows erscheinen. Wir warten lieber noch. Es kommt sicher noch eine bessere Gelegenheit«, erklärten Roxette der schwedischen Presse.

Keiner bereute diese Entscheidung, und die Sommer-Tournee durch Schweden wurde von Konzert zu Konzert besser. Besonders eindrucksvoll war das Konzert im südschwedischen Kristinehov. Dort traten Per, Marie und ihre

Band vor der Kulisse des Rosa Slottet (Rosa Schloß) auf. 8000 Fans erlebten die einzigartige Show im Schloßpark. Danach lud der Besitzer Roxette ins Schloß ein, und der gelungene Gig wurde noch bis in die frühen Morgenstunden gefeiert.

Listen to your Heart

Per wußte schon lange, daß einer seiner besten Freunde in Halmstad große Probleme hatte.

Eines Abends rief der Freund an und wollte sich mit Per über seine unerträglichen Familienverhältnisse aussprechen. Sie verabredeten sich sofort, denn es war eine akute Krise, die man umgehend besprechen mußte.

Sie saßen stundenlang in einem Restaurant, aus dem Abend wurde Nacht, und Per hörte aufmerksam zu. Er wußte, wie es enden würde. Hier war nichts mehr zu kitten. Die schwere Entscheidung mußte sein Freund aber selbst treffen. Das, was es so schwermachte, war die Tatsache, daß ein kleines Kind betroffen war.

Als Per seinen Freund am frühen Morgen verließ, dachte er an sein eigenes Leben mit Asa. Sie teilten alles, konnten über alles reden, waren immer Freunde und harmonierten perfekt. Und waren sie mal unterschiedlicher Meinung, kam es dennoch nie zum großen Krach.

Das erste Mal war Asa Per 1984 im Norre Kavaljeren in Halmstad aufgefallen. Er sah ein großes schönes Mädchen mit dunklen Haaren, das sich mit seinen Freunden amüsierte. An ihrer Seite stand ein Junge, und Per nahm an, daß es ihr Freund sei. Dann wurde er ihr von einem gemeinsamen Bekannten vorgestellt und erfuhr, daß sie Asa

Nordin hieß. Sie wußte natürlich, wer er war, aber es interessierte sie nicht sonderlich. Auch ihre Freundin fiel ihm auf, und mit ihr unterhielt er sich fast den ganzen Abend. Die Freundin kam aus Hyltebruk und hatte am Wochenende Geburtstag. Ob er denn Lust hätte, zu ihrem Fest zu kommen? Nein, er fand es nicht besonders lustig, nach Hyltebruk, das tief in den Smaländischen Wäldern lag, zu fahren. Aber wenn sie das Fest in Halmstad veranstalten würde, nur für ihn, dann würde er kommen, sagte er aus Spaß.

Einige Tage später bekam Per eine Einladung in eine Wohnung im Viktoriagatan in Halmstad. »Nordin« sollte an der Haustür stehen, und dort sollte eine kleine Feier stattfinden. Er könne auch gerne ein paar Freunde mitbringen. Per fand das verlockend und bat MP, mitzukommen. Um sich der formellen Einladung anzupassen, entschieden sie sich für entsprechende Kleidung und liehen sich einen Smoking. Natürlich kauften sie auch Blumen und Champagner.

In der Wohnung trafen sie das Mädchen aus Hyltebruk und Asa, der das Apartment gehörte. Während des Abends bemerkte Per, daß Asa eine ausgesprochen angenehme Person war, die mit sanfter Stimme und skanischem Akzent sprach. Er erfuhr, daß sie eine Modeboutique in der Storgatan hatte und daß sie schon mal als Fotomodell in Paris gejobbt hatte. Er erfuhr auch, daß der Typ an ihrer Seite im Norre Kavaljeren ihr Bruder war. Ihr tatsächlicher Freund war gerade auf Geschäftsreise.

Irgendwas geschah an diesem Abend. Per wollte Asa unbedingt wiedersehen. Sie war so ganz anders als all die anderen Mädchen, die er sonst traf. Oft waren sie unreif und kindisch. Bei Asa hatte er schon nach dem einen Abend das Gefühl, er würde sie ewig kennen.

An den nächsten Abenden ging er ins Norre Kavaljeren, in der Hoffnung, Asa dort zu treffen. Weil sie dort nicht aufkreuzte, schickte er ihr eine Karte. Er fragte sie, ob er sie in den nächsten Tagen zum Abendessen einladen dürfte.

Einige Tage ließ Asa nichts von sich hören, aber dann rief sie ihn an und sagte zu. Sie wollte ihn auch gern wiedersehen.

Seit diesem Tag waren die beiden fast ununterbrochen zusammen. Und es dauerte nicht lange, da zogen sie auch zusammen.

Asa und Per hatten sich häufig mit dem Paar getroffen, das jetzt offensichtlich kurz vor der Trennung stand. Per konnte seinem Freund keinen anderen Rat geben, als auf sein Herz zu hören.

Frisch verlobt

Am frühen Morgen kam er von dem Treffen zurück. Asa schlief noch, und in der Wohnung war es still. Das verzweifelte Gespräch ging Per nicht aus dem Kopf. Er setzte sich mit einem Schreibblock und einem Stift aufs Sofa und dachte über das nach, was er mit seinem Freund besprochen hatte. »Listen to your heart«, kritzelte er auf den Block. »Listen to your heart... You've built a love... But that love falls apart... Your little piece of heaven... Turns to dark... Listen to your heart... There's nothing else you can do.«

Draußen brach die Dämmerung an, und es wurde langsam hell.

Per schrieb sich seine Gedanken über das ernste Gespräch mit seinem Freund von der Seele.

Im Oktober 1989 gelangte die Ballade »Listen to your heart«, deren Text aus diesem Gespräch resultierte, auf Platz eins der Billboard-Charts in Amerika, und Per rief seinen Freund in Halmstad an.

»Du bist Nummer eins in Amerika«, sagte Per triumphierend. »Du, ich und Marie haben den ersten Platz erobert.«

Ein anderes Leben

Eine neue Nummer eins in Amerika – das war genau das, was Roxette für ihre erste Europa-Tournee brauchten.
Per und Marie freuten sich, endlich wieder mal die Möglichkeit zu haben, vor Publikum zu spielen. Vor allem Marie. Sie haßte eigentlich alles, was Promotion hieß. Hauptsächlich lag das daran, daß die Journalisten sie immer nur nach ihrem Privatleben fragten, während Per fast ausschließlich Fragen zur Musik gestellt wurden.
So etwas machte Marie traurig und ein bißchen neidisch. Marie wurde im Sternzeichen Zwillinge geboren, und manchmal hatte sie das Gefühl, aus zwei Persönlichkeiten zu bestehen. Einmal als stolze Primadonna, die ihre Rolle auf der Bühne perfekt spielte, und ein anderes Mal als ruhige, bescheidene »Majsan«. Marie ist ein Gefühlsmensch, reagiert oft impulsiv, manchmal auch zu unüberlegt. Während Per meistens seine innersten Gedanken versteckte und nicht zeigte, was er eigentlich fühlte, hatte Marie Schwierigkeiten, ihre Gefühle zu verbergen.

Der Start der Europa-Tournee lief nicht besonders. Am 11. November 1989, einen Tag vor der Premiere in Helsinkis Kulturhaus, lag Marie mit einem Hexenschuß in ihrem Hotelzimmer und konnte sich nicht bewegen.
Die Tour-Premiere konnte nicht verschoben werden!

Per und Marie in ihrer Garderobe: Die Bühne ruft

Es wurde ein Wettrennen gegen die Zeit. Marie hatte sich auf den Fußboden gelegt, um eine möglichst feste Unterlage zu haben. Und um sich von den Schmerzen abzulenken, versuchte sie ein Kapitel aus einem Agatha-Christie-Krimi zu lesen. Aber es funktionierte nicht. Statt dessen zündete sie sich eine Zigarette an und begann herumzutelefonieren, um sich bei Freunden auszuweinen. Warum sie nach einer Pause von mehreren Jahren wieder angefangen hatte zu rauchen, wußte sie nicht. Sie schlief möglichst acht bis neun Stunden pro Nacht; denn sonst bekam sie Probleme mit ihren Stimmbändern und wurde heiser.

In dieser Nacht schlief sie nur wenige Stunden. Trotzdem fühlte sich Marie am nächsten Morgen wesentlich besser.

»Glaubst du, daß du heute abend singen kannst?« fragte Chorsängerin Mia Lindgren unruhig.

»Ja, aber ich werde sicher keine Bühnen-Action bringen!« lachte Marie. Die Premiere lief wie geplant – aber mit eingeschränkter Bewegungsfreiheit für Fräulein Fredriksson.

Per hatte Pech in Oslo. Er stolperte und verstauchte sich den Fuß. Und in Hamburg schlug er sich mit dem Gitarrenhals einen halben Vorderzahn aus. Aber Per wäre auch durchs Feuer gegangen, wenn er gewußt hätte, was für ein Erlebnis, was für ein Publikum ihn in Zürich erwartete.

»Was für ein Gig!« jubelten Per und Marie und umarmten den Rest der Band: Clarence und Staffan Öfwerman, Jonas Isacsson, Mia Lindgren, Pelle Alsing und Anders Herrlin.

Nach dem Konzert im Club Paradiso in Amsterdam sollten sie die EMI-Europa-Chefs, die wegen einer großen Konferenz in der Stadt waren, treffen. Per erinnerte sich an seinen letzten Besuch in Amsterdam: Vor gut sechs Monaten waren er und Marie auf der großen Musikmesse IM&MC gewesen. Während eines Spazierganges hörten sie plötzlich, wie ihnen jemand von einem Balkon zu rief:

»Hey, I like your record.«

Es war Tom Petty – sein großes Idol. Sowohl Per als auch Marie waren sprachlos, und deshalb versuchte Dimman, die auch dabei war, die Situation zu retten:

»We like your record, too!« Das muß ziemlich dumm geklungen haben – was für eine Antwort! Aber Per schwebte fast auf Wolken. Trotz der beiden Nummer-eins-Hits in Amerika war er andererseits immer noch der kleine Popfreak, der sich gerne Plattenhüllen ansah und sich wie ein Dreizehnjähriger fühlte, wenn er Topstars wie Petty begegnete.

Jetzt standen er und Marie zusammen mit den Chefs der EMI, tranken Wein, unterhielten sich und lächelten angestrengt. Es gehörte dazu und war ein wichtiger Teil des Jobs, auch wenn sie manchmal so müde waren, daß sie am liebsten sofort eingeschlafen wären.

Erst im Dezember war die Tournee beendet. Rechnete man alle Promotion-Termine zusammen, dann hatten Per und Marie während der letzten neun Monate über 1300 Interviews gegeben, davon allein 80 innerhalb von acht Tagen in Australien. Sie hatten sich schlecht gefühlt, über Kleinigkeiten gestritten, in zweitklassigen Hotels gewohnt, miserables Essen bekommen, sich für dubiose Promotion-Aktionen zur Verfügung gestellt und idiotische Journalisten getroffen, die sie nur Mist gefragt hatten. Über solche Dinge waren Marie und Per stocksauer.

Jetzt hatten sie neun schwere Monate hinter sich und waren völlig ausgepowert. Nichtsdestotrotz waren Per und Marie happy: Sie waren sich sicher, die Basis für zukünftige internationale Erfolge gelegt zu haben.

It must have been Love

Elvis, die Beatles und andere große Stars nahmen während ihrer Glanzzeiten oft spezielle Schallplatten auf. Manchmal wurden sie nur veröffentlicht, um den Zeitraum zwischen zwei LP-Produktionen zu verkürzen.
Seit der Gyllene-Tider-Ära bediente sich Per ähnlicher Geschäftsideen. Dadurch konnte er die eigene Größe und Popularität unterstreichen. Unbekannte Künstler oder Gruppen bekamen nie die Chance, eine Single auf den Markt zu bringen, nur weil es Sommer war. Er schon! »Sommartider« wurde so zu einem Riesen-Sommer-Hit.
Jetzt hatte er die gleiche Gelegenheit mit Roxette. Kurz vor Weihnachten 1987 wurde Pers Song »It must have been Love (Christmas for the broken hearted)« veröffentlicht. Und natürlich kletterte der Song die Verkaufs-Charts hinauf. Marie sang die Ballade mit viel Gefühl, denn der Text bedeutete ihr sehr viel.
»It must have been Love« sollte ursprünglich nicht auf einer LP veröffentlicht werden. Aber im Herbst 1989 meldete sich die große Film-Company Disney/Touchstone aus Hollywood bei Roxette. Sie wollten einen Roxette-Song für eine neue Filmproduktion mit Julia Roberts und Richard Gere haben. Per hatte eigentlich keine Zeit, um etwas Spezielles zu komponieren. Viele Ratgeber fanden, daß Roxette sich von einer Low-Budget-Produktion mit Gere, der sich zu je-

ner Zeit auf dem absteigenden Ast befand, und einer total unbekannten Hauptdarstellerin namens Julia Roberts fernhalten sollten. Die Dreharbeiten sollten nicht mehr als 20 Millionen Dollar kosten, und es war keine besondere Auszeichnung, auf dem Soundtrack einer so kleinen Produktion vertreten zu sein. Nach langen Diskussionen entschieden sich Per und Marie aber, ihre alte Weihnachtssingle anzubieten. »Den können sie haben«, schrieb Per, »das ist einer der stärksten Songs, die wir je gemacht haben.« Aber sie wollten ihn nicht. Ein Weihnachtslied paßte ja nun gar nicht. Sie baten nochmals um einen neuen Song, aber Per ließ sich nicht erweichen und teilte ihnen mit, daß für ihn die Angelegenheit damit erledigt sei.

Einige Wochen später hatten die Filmleute ihre Meinung geändert. Dem Regisseur gefiel der Song, und er konnte sich sogar vorstellen, einige Szenen entsprechend umzuschneiden, so daß »It must have been Love« richtig mit dem Film verschmelzen konnte. Sie mußten den Text nur etwas ändern; denn es gab keinen Platz für eine Weihnachtsszene in dem Streifen, der im sommerlichen Los Angeles spielte. Marie ging also ins Studio, um den neuen Text einzusingen, und alle waren zufrieden.

In dem Film hatte das Liebeslied eine zentrale Rolle.

Keiner der anderen Songs, die auf dem Film-Soundtrack waren, wurde ein Hit – weder für Natalie Cole oder David Bowie noch für Robert Palmer oder Peter Cetera.

Aber für Roxette: Im Juni 1990 landeten sie mit »It must have been Love« ihre dritte Nummer eins in den USA und sorgten dafür, daß der Soundtrack über neunmillionenmal verkauft wurde. Per rief – wie gewöhnlich mitten in der Nacht – alle Freunde an und erklärte ihnen, daß sein zwei Jahre altes Werk an der Spitze der US-Charts stand.

Der Film »Pretty Women« wurde weltweit zum größten Kassenerfolg des Jahres und spielte sein kleines Budget hundertfach ein...

Die Hitfabrik

Endlich wieder zu Hause in Halmstad.

Nach einer der zahllosen Promotionreisen sperrte Asa die Wohnungstür auf. Per und sie hatten ein hartes Programm hinter sich. Und wie immer hatte ihr Liebster auf dem Heimflug kein Auge zugemacht. Aber anstatt sich, wie ein normaler Mensch, der von einer langen Reise nach Hause kommt, auf das Bett zu werfen, stürzte sich Workaholic Per in sein Arbeitszimmer. Aus dem Faxgerät quollen meterlange Papierschlangen. Eine kanadische Firma wollte seine Genehmigung dafür, daß sie ihr neues Haarspray »The Look« nennen dürften, und ein Musikverlag fragte an, ob es möglich sei, eine japanische Version von »The Look« aufzunehmen – Per lief direkt zu einem seiner beiden Anrufbeantworter und hörte ihn ab.

»Prima, die Aufnahme ist drauf«, stellte er zufrieden fest.

»Was machst du?« fragte Asa erstaunt.

»Hör mal, wie gefällt dir das?«

Zwischen zwei Messages hörte man plötzlich zischende Laute: »Dsscchh, dsscchh, dunk, dsscchh, dsscchh, dunk, dunk, dsscchh...«

Nach sechs Jahren an Pers Seite wußte Asa, was das war. Wenn sie unterwegs waren und Per kein Diktaphon oder Aufnahmegerät dabeihatte, rief er zu Hause an und sang seine Idee einfach auf den Anrufbeantworter.

*Gitarren-
sammler Per*

»Super!« stellte er zufrieden fest und begann dann die Post durchzuschauen. Währenddessen begann Asa die Koffer auszupacken, doch schon bald gewann die Müdigkeit Oberhand, und beide schliefen seit vielen Monaten das erste Mal wieder im eigenen Bett.

Nachdem Per sich am nächsten Morgen seiner täglichen Haarpflege gewidmet hatte, rief er MP an.
»Hallo, ich bin es, Pelle. Was machst du heute?«
MP wußte, was das bedeutete. Per hatte einen neuen Song im Kopf, und jetzt wollte er ins Studio.
»Woody, ich werde nachher mal ins Studio gehen.«
Asa oder Woody, wie Per sie nannte, kannte das schon und wußte, daß Per dann erst spät nachts nach Hause kommen würde. Und da gab es doch tatsächlich Menschen, die

sich einbildeten, daß Per und Asa frei hätten, wenn sie zu Hause waren.

Das »Tits & Ass«-Studio, ein rotes Ziegelsteingebäude vor den Toren Halmstads, war zum Herzzentrum von Roxette geworden. Es war nicht nur Pers Musikstudio, sondern auch Versammlungslokal der Pfadfinder des kleines Ortes. Die Pfadfinder hatten versprochen, niemandem zu verraten, wo das Studio lag.

Anfangs waren es nur die alten Übungsräume von Gyllene Tider. Aber dann, nachdem Per dort Roxette-Gelder investiert hatte, wurde es zum hochmodernen Multi-Kanal-Studio mit Atari-Computern aufgerüstet. Es wurde neu gestrichen und mit einer Ledersitzgruppe und Fernseher, Goldenen Schallplatten und Postern wohnlich gemacht.

Die Demobänder wurden immer besser, und in einigen Fällen waren sie fast fertig arrangiert. Die »Pers Garage«-LP war hier entstanden. Und vor dem »Joyride«-Projekt trafen sich Per, Marie, Clarence und Anders in Halmstad, um die Aufnahmen vorzubereiten.

Per holte die Gitarre heraus.

»So etwas in der Art möchte ich machen«, sagte Per. »Aber ich weiß nicht so richtig, wie der Übergang zwischen Vers und Refrain sein soll.«

MP überlegte eine Weile, bevor er zur Klampfe griff.

Seit der Zeit mit Grape Rock ergänzten sie sich perfekt. Mittlerweile schrieb Per die meisten Lieder auf eigene Faust, aber wenn die Zeit es erlaubte, passierte es manchmal, daß er und MP gemeinsam schrieben.

Sie hatten ein offenes Verhältnis und kannten sich so gut, daß jeder dem anderen die Wahrheit sagen konnte.

Für Per war MP der Inbegriff von Musik. Er spielte Gitarre, Keyboards, Baß, Schlagzeug, Ziehharmonika, ja sogar Trompete.

MP, der eigentlich Mats Arne Persson hieß und aus Harp-

Das »Joyride«-Projekt hat begonnen: Per, Marie, Anders und Clarence im Tits & Ass-Studio vor den Toren Halmstads

linge kam, war ein Künstler, wenn es darum ging »Töne zu finden, die es fast nicht gab«, wie Per sich ausdrückte.

Wenn Per allein im Studio war, pflegte er seine Ideen immer auf Kassetten aufzunehmen. Oft holte er sich Rat bei MP.

»Eine Ziehharmonika würde schön zu diesem Song passen, findest du nicht?« fragte Per vor.

MP stimmte zu und blätterte in den Dateien seines Atari-Computers, aber einen gut aufgenommenen Ziehharmonika-Sound konnte er nicht finden. Zum Glück hatte er eine eigene Klavierziehharmonika.

Er brauchte nicht lange, um die richtige Melodie zu finden. Jetzt fehlte nur noch der Gesang.

»Wie soll das Lied denn heißen?« fragte MP.

»Perfect Day«, antwortete Per.

Als Marie das Demotape hörte, war sie ganz ergriffen. Das ist das schönste Lied, das ich je von Per und MP gehört habe, dachte sie.

Die Magie der Musik

Nach den beiden Nummer-eins-Hits in den USA hätte Pers Selbstvertrauen eigentlich größer sein müssen denn je. In Wirklichkeit fühlte er sich aber unsicher wie nie zuvor.

Er stand jetzt unter dem Druck, das Material für ein Album zu komponieren, das sich möglichst noch besser als der Sieben-Millionen-Seller »Look Sharp!« verkaufen sollte.

Dabei waren es gar nicht mal irgendwelche Plattenbosse, die die hohen Ansprüche stellten, sondern Per und Marie selbst. Die nächste Platte sollte der Popwelt zeigen, daß »Look Sharp!« kein einmaliger Glücksstreffer war und Roxette keine Eintagsfliege.

Im Sommer 1990, während der Arbeit an der neuen LP, wurde »It must have been Love«, Roxettes dritter US-Nummer-eins-Hit. Das war die Wende. Plötzlich fühlten Per und Marie, daß sie als Gruppe groß waren, und nicht nur die »Look Sharp!«-LP.

Als Per eines Nachmittags nach Hause kam, lag ein Zettel von Asa auf dem Tisch. »Hallo, du Trottel, ich liebe dich...« stand darauf. Die zärtlich gemeinten Worte erwärmten sein Herz, und er lächelte vor sich hin, als es ihn wie ein Blitz traf: »Hello, you fool, l love you...« Das klang frech und witzig. Auf diese Art und Weise kamen ihm häufig Ideen für neue Songs. Es konnte eine Überschrift, ein

Plakat oder irgendein Ausdruck sein, den er sah, las oder hörte. »Joyride« war auch so ein Wort. Er hatte es in einem Paul-McCartney-Interview aufgeschnappt. Paul bezeichnete die Zusammenarbeit mit John Lennon als Joyride. »Joyride« konnte viel bedeuten. Und vor allem eignete es sich perfekt als Album-Titel und Tournee-Motto, weil es kurz, prägnant und positiv war. »Join the Joyride« – komm mit auf die Glücksreise...

Als Marie die Kassetten mit »Joyride« und »Spending my time«, die beide in der gleichen Woche entstanden, erhielt, verschwand all ihre Nervosität mit einem Mal. Jetzt wußte sie anhand dieser starken Songs, daß die Platte kein Problem werden würde.

Per gefiel das hohe Arbeitstempo. Freizeit interessierte ihn nicht besonders, statt dessen schrieb er ständig neue Songs, suchte nach neuen Ideen. Das Album wurde sein Lebensinhalt.

Es spielte keine Rolle, wo er sich gerade befand, immer hatte er seine Fühler für neue Ideen ausgestreckt. Eine Reklamegag im Fernsehen oder ein interessanter Baßlauf in der Hintergrundmusik eines Spielfilms konnten für das Gerippe eines neuen Songs ausreichen.

Die Umstände, unter denen nun Pers Kompositionen entstanden, waren jetzt ganz anders. Während er früher die Songs in seiner freien Zeit komponierte, war er jetzt gezwungen, zwischen Konzerten, Interview-Terminen, TV-Shows und Busineß-Meetings, zu schreiben. Nicht selten bestand ein Tag zu 95 Prozent aus Busineß und nur zu fünf Prozent aus Musik.

Musik zu komponieren ist eine eigene Kunst. Einmal hatte er den »Songwriter«, eine jener amerikanischen Zeitungen, in denen angeblich steht, wie man einen sicheren Hit schreibt, gelesen.

»Schrott«, stellte er fest und warf sie weg. Er hatte seine

eigene Pop-Schule zu Hause in seinen Schallplattenregalen, so ein idiotisches Käseblatt konnte man getrost vergessen.

Er hatte viele Angebote erhalten, mit anderen berühmten Songschreibern zusammenzuarbeiten, aber stets – aus reiner Unsicherheit – abgelehnt. Er sah sich als einsamen Wolf, der es vorzog, allein zu arbeiten. Nur so konnte er auf seine eigene Weise kreativ sein.

Spontaneität war der Schlüssel zu seinen Kompositionen. Deshalb schrieb er immer schnell und effektiv, sobald eine Idee auftauchte, um einzufangen, wie er sich in dem Augenblick fühlte. Sich bewußt hinzusetzen und zu versuchen, einen Hit zu schreiben, wäre sinnlos gewesen; denn er konnte nie ahnen, wie das Resultat aussehen würde.

Alle fertigen Songs mußten jede Stufe von Pers selbstkritischem »Soundfilter« passieren. Die, die den Test schafften, wurden als Demobänder aufgenommen und schließlich im Tits & Ass Studio verfeinert. Wenn sie nach dieser Prozedur immer noch gut klangen, waren sie in der Regel so stark, daß sie der Konkurrenz standhielten.

Mittlerweile arbeitete er mindestens genauso intensiv an den Versen und an den Übergängen, den sogenannten Brücken, wie am Refrain. Wenn Vers und Brücken genauso gut waren wie der Refrain, wußte er, daß das Resultat unschlagbar sein würde.

Die »Joyride«-Platte würde schwieriger als die früheren Platten sein, da waren sich Per und Marie sich einig. Mehr Gitarren und eine kompaktere Produktion waren vonnöten. Nach all den Tourneen war dies nur eine natürliche Entwicklung und gleichzeitig eine Gegenreaktion auf den ganzen Hip Hop und die sterile Computer-Musik.

Als Roxette bei einer großen TV-Show in London auftraten, bekamen sie Angst. Roxette war die einzige Band, die live spielte. Playback war für sie die Hölle, besonders für Marie,

Per spielt auch Mundharmonika

die sich immer idiotisch vorkam, wenn sie zum Playback mimen mußte.

Was ist nur aus der Popmusik geworden? Wo ist der Rock 'n' Roll geblieben? fragte sich Per.

Als Marie und er anfingen, Musik zu machen, beherrschte man ein Instrument, gründete mit Freunden eine Band, probte und gab Konzerte. Die Nachwuchsmusiker von heute kauften sich erst mal einen Computer, mit dem sie problemlos jedes x-beliebige Instrument nachmachen konnten. Das Bandgefühl schien völlig verschwunden.

Für die neue Generation schien die Musik nicht mehr so wichtig zu sein. Jetzt gab es ja Kabel-Fernsehen und Computerspiele.

Bei der dritten Platte wurde die Rollenverteilung im Studio noch deutlicher. Produzent Clarence Öfwerman und sein Techniker Anders Herrlin hatten bei der Programmierung nur ein Ziel: Sie wollten Per und Marie absolut zufriedenstellen. Deshalb legten sie immer einige Alternativ-Lösungen vor, wenn Per ihnen seine Wünsche und Ideen erklärte.

Sie waren ein tolles Team geworden.

Clarence: der musikalisch Begabteste der vier. Seine Stärke waren gefühlvolle Arrangements. Eine kluge Tonarterhöhung oder einige Töne extra in einem Streicher-Arrangement konnten einem Song ganz andere Dimensionen geben. Um so etwas zu schaffen, muß man über großes musikalisches Können verfügen.

Anders: der Techniker, der für die Programmierung der Synthesizer und Computer verantwortlich war. Anders kaufte normalerweise fast alles, was neu auf den Markt kam, um es zu testen, und hatte auf diesem Gebiet die totale Kontrolle. Er war es auch, der am meisten die aktuelle Popmusik verfolgte und daher oft interessante Vorschläge beisteuern konnte.

Marie: Außer für den Gesang war sie auch für einen großen Teil der Arrangements verantwortlich. Die Improvisationsfähigkeiten, die sie während der Zeit in Svalöv gelernt und mit Hilfe des Jazz entwickelt hatte, konnte sie gut anwenden. Sie experimentierte auch mal und gab so den Songs einen besonderen Touch.

Per: der Hauptverantwortliche. Er hatte eine genaue Vorstellung, wie die Songs klingen sollten. Da viele Songs schon so gut wie fertig waren, wenn sie aus dem Demostudio Tits & Ass kamen, unterschied sich das Endprodukt meist nicht so sehr vom Demoband.

Alle vier kamen alle aus verschiedenen »musikalischen Schulen«, hatten alle verschiedene Backgrounds, was der Studioarbeit und der kreativen Stimmung guttat.

Per war der Meinung, daß 90 Prozent der technischen Arbeit im Studio tödlich langweilig war. Aber es war nötig, damit das Ergebnis gut werden würde. Deshalb behielt er ständig alles unter Kontrolle und war natürlich auch immer beim Endmixing der Platte dabei.

Alar Suurna war ein Garant dafür, daß es technisch funktionieren würde. Clarence war dabei und paßte auf, daß Alar auch an die Nuancen dachte. Und Per war natürlich auch dabei.

Es schien, als würden sämtliche Musiker dank Roxette wachsen und sich ausgezeichnet ergänzen. Alle waren mit Feuereifer bei der Sache, jeder gab sein Bestes.

Es waren die klopfenden Herzen der sechziger Jahre, die die Magie der Musik ausmachten.

Als »Joyride« fertig eingespielt war, begannen die Vorbereitungen zur Welt-Tournee. Patrick Woodroffe, der z. B. mit den Rolling Stones die »Urban Jungle Tour« auf die Beine gestellt hatte, wurde für den Bühnenbau engagiert.

Marie rief Uffe Andreasson, einen alten Kumpel aus Halmstad, an und fragte, ob er Lust habe, als ihr persönlicher Assistent auf die Welt-Tournee mitzukommen. Sie fühlte, daß sie jetzt jemanden brauchte. Uffe war einer ihrer besten Freunde, ihm konnte sie sich stets anvertrauen.

Verhandlungen mit diversen Tour-Sponsoren wurden geführt, aber am Schluß war nur ein weltberühmtes Kaffee-Unternehmen übriggeblieben. Roxette lehnten ab, da sie Angst hatten, ein falsches Image zu bekommen. Diesen Fehler hatte Per früher einmal bei Gyllene Tider gemacht, und er wollte ihn nicht wiederholen. Die Lösung: nur lokale Sponsoren. Deshalb war es manchmal eigenartig, wenn zum Beispiel für den argentinischen Teil der Tournee ein Vertrag mit Pepsi-Cola, für den brasilianischen Teil aber ein Vertrag mit Coca-Cola geschlossen wurde.

Per bekam auch Angebote, Film-Musiken für verschiedene amerikanische Filme zu schreiben, darunter auch der letzte »Rocky«-Film mit Sylvester Stallone. Aber er lehnte ab, wohl wissend, daß ein Film-Song dann als Single erscheinen würde und so einen Teil der Aufmerksamkeit von Roxettes eigener Platte ziehen würde. Das war unmöglich – nichts durfte »Joyride« im Wege stehen.

Lebensgefahr beim Videodreh

Daß »Joyride« zwölfmal pro Tag auf MTV in den USA gezeigt wurde, war eine Bestätigung dafür, daß Roxette zu den größten Bands der Welt zählte. Zwölfmal täglich, das bedeutete »heavy rotation« – öfter flimmerte kein Video über die Mattscheibe!

»Der nächste Schritt ist wohl die ›brainwash rotation‹«, sagte Per Gessle zufrieden, als er mit Roxettes amerikanischem Rechtsanwalt Robert Thorne von der renommierten Anwaltskanzlei Loeb & Loeb in Los Angeles telefonierte. Thorne vertrat die Geschäftsinteressen vieler großer Namen in der Musik- und Filmbranche und nahm sich mit Freuden auch Roxettes an, als er eine Anfrage von Beime erhielt. Teils, weil ihm ihre Musik gefiel, teils weil er an die Entwicklungsmöglichkeiten von Roxette glaubte.

»Mit Maries Bühnenpersönlichkeit und mit Pers Songs könnt ihr sehr groß werden«, hatte er ihnen bei ihrer ersten Begegnung gesagt. Er war sicher, daß Per innerhalb weniger Jahre als einer der größten Pop-Komponisten der Welt gelten würde. Man brauchte zur Bestätigung nur die Roxette-Hits zu hören. Ein einzelnes gutes Lied konnten viele Songschreiber schaffen, aber nicht so eine sensationelle Reihe von Welthits wie »It must have been Love«, »Listen to your heart«, »The Look«, »Joyride«, »Dressed for success«, »Dangerous« und »Fading like a Flower«!

Außerdem meinte er, daß Roxette einige der wenigen Gruppen seien, die auf allen Kontinenten berühmt waren – in Australien, Asien, den USA, Kanada, Europa, Südamerika und sogar in Afrika.

»Ihr braucht keine ›brainwash rotation‹«, meinte Herbie Herbert, ein weiterer amerikanischer Berater von Roxette. »Wichtig ist nur, daß ihr auch in Zukunft gute Videos dreht, weil MTV hier in Amerika wahnsinnig wichtig ist. Gute Songs habt ihr, die werden die ganze Zeit im Radio gespielt, ihr habt eine tolle Bühnenshow, die keinen Vergleich zu scheuen braucht; wenn ihr weiter so hart arbeitet, werdet ihr hier zu Superstars. Denkt immer daran, daß dies das Land der Welt ist, in dem es am schwersten ist, groß und berühmt zu werden. Aber ihr habt schon die größten Hürden gemeistert!«

Mit dem »Joyride«-Video hätte es schlimm ausgehen können. Es wurde mit Hilfe von Doug Freel, dem Regisseur, der auch schon für andere Roxette-Produktionen verantwortlich war, gedreht. »Joyride« wurde in und um Los Angeles gedreht. Ein roter Ferrari spielte darin eine wichtige Rolle. In einer Szene sollten Per und Marie gitarrespielend und singend auf der Motorhaube des fahrenden Autos sitzen. Es sollte so aussehen, als würde das Auto ohne Fahrer fahren. In Wirklichkeit war das Auto auf der Ladefläche eines fahrenden LKWs geparkt, während eine Kamera die Fahrt von einem Wagen, der nebenan auf einem Gleis mitrollte, einfing.

Alles ging gut, bis eine Gesamtszene benötigt wurde, in der der rote Ferrari bis zu einem Abgrund fahren sollte und man das Auto deshalb nicht auf der Ladefläche plazieren konnte.

Immer noch sollte es so aussehen, als ob das Auto ohne Fahrer fuhr, und deshalb mußte sich ein extra für solche Spezialaufträge ausgebildeter Chauffeur auf den Boden im

Videodreharbeiten zu »Big L«

engen Innenraum des Wagens legen. Damit er sehen konnte, wohin er steuerte, montierte man einige Spiegel, die dazu dienten, daß er von seinem Platz am Boden einigermaßen durch die Windschutzscheibe sehen konnte. Die Konstruktion funktionierte.

»Es kann ein bißchen unangenehm werden, diese Szene zu drehen«, warnte Doug die Beteiligten vorsichtshalber. »Wenn ihr wollt, können wir auch Stuntmänner einsetzen. Ihr braucht diese Szene nicht selbst zu machen!«

»Das ist aber blöd«, fand Per, »was meinst du?«

»Ach, so gefährlich kann das doch gar nicht sein«, meinte Marie mutig, »daß er das Auto fahren kann, haben wir ja gesehen, als es getestet wurde. Nee, wir fahren selbst mit.«

Alles war für die Aufnahmen bereit. Marie und Per setzten sich auf die Motorhaube und wurden mit Sicherheitsgurten angeschnallt. Die Kamera rollte wie gewöhnlich auf dem Gleis neben dem Auto, das nur vier bis fünf Meter an den Abgrund heranfahren sollte. Alles schien gut zu klappen, bis auf einmal Panik ausbrach. Der Fahrer auf dem Boden konnte nicht genau sehen, wo der Abgrund begann. Erst im letzten Moment bemerkte er, daß alle Leute auf einmal zu schreien begannen und ihm zuriefen, daß er anhalten solle. Er drückte auf die Bremse, und der Rennwagen wurde langsamer, aber er glitt dennoch immer näher an den tiefen Abgrund. Per verlor bei der plötzlichen Bremsung das Gleichgewicht und stürzte zu Boden. Marie saß mit kreideweißem Gesicht auf der Motorhaube und sah den Abgrund immer näher kommen. Nur wenige Zentimeter davor konnte der Fahrer das Auto zum Stillstand bringen. Um ein Haar wäre ein tragischer Unfall passiert.

Vielleicht war dieses Erlebnis während der Dreharbeiten die Ursache dafür, daß Per das »Joyride«-Video nicht so gut gefiel. Marie war der Meinung, daß die Schnitte viel zu schnell und zu wirr waren. Wenn Videos gedreht wurden,

Das »Joyride«-Video entstand in Los Angeles

fühlte sie sich manchmal ganz außen vor. Alles lag in den Händen anderer Personen. Hier konnten Marie und Per nicht den gleichen Einfluß ausüben wie bei der Studioarbeit. Sie wurden zu Akteuren.

Die Produktionskosten für »Spending my time« beliefen sich auf 400 000 Dollar, vor allem weil eine spezielle Filmtechnik von Amerika nach Stockholm geflogen wurde. Allein die Miete des Computers und der Transport über den Atlantik kosteten 100 000 Dollar.

Während der Aufnahmen in der Wüste vor den Toren von Los Angeles dachten Marie und Per an ihre ersten Videos, die sie drehten, als Roxette noch eine neue und unerfahrene Gruppe war.

»Erinnerst du dich, als wir ›Neverending Love‹ gedreht haben?« lachte Marie. Sie mußte an ihre rot gefärbten Haare denken und an die seltsamen Lederklamotten.

»Ja, wir drehten es um fünf Uhr nachmittags, und zwei Stunden später wurde es schon im Fernsehen gezeigt«, erinnerte sich Per. »Aber war ›Soul Deep‹ nicht noch schlechter?«

Doch! Wenn sie an das »Soul Deep«-Video zurückdachten, mußten sie Tränen lachen. In diesem Billig-Clip waren sie beide fast nicht zu erkennen, und es wurden entweder Nahaufnahmen von Maries Gesicht gezeigt oder die Silhouetten von irgendwelchen komischen Trompetern, während Per, damals mit rot-schwarz-gefärbten Haaren, immer wieder verzweifelt versuchte, auch ins Bild zu kommen. Als er das Video dann das erste Mal sah, war er froh, daß er nicht so oft zu sehen war.

»Zum Glück wird das heute nicht mehr gezeigt«, sagte Marie.

Marie erinnerte sich an ein holländisches Video, in dem sie auf einem Roulette-Tisch hätte liegen sollen, während sie zum Playback mimte.

»Das war ›Chances‹«, erinnerte sich Per. »Dieses Video war so schlecht, daß es schon fast wieder gut war!«

»Joyride« war 1991 eines der am häufigsten gezeigten Videos in den USA, ob Per nun das Video gefiel oder nicht. »Heavy rotation« auf MTV war nicht der einzige Erfolg. Es wurde auch mit »The International Music Award 1991« belohnt – als bestes Video des Jahres, genau wie »The Look« 1989.

»Die Home-Videos gehen weg wie warme Semmeln«, erzählte Herbie Herbert, als er eines Tages aus San Francisco anrief. Er war gerade dabei, die bevorstehende USA-Reise für die Welt-Tour zu planen.

»Jetzt habt ihr auch das Interesse der amerikanischen Journalisten geweckt«, ließ er sie wissen. »Viele wollen euch interviewen. Das ist der perfekte Start für die Tournee!«

Join the Joyride!

Am Morgen des 17. Januar 1991 wurde Marie Dimberg von ihrem Radio-Wecker, der wie gewöhnlich die letzten Neuigkeiten brachte, geweckt. Diesen Morgen hörte man aufgeregte Stimmen und knisternde Telefonleitungen. Der Golf-Krieg war ausgebrochen. Saddam Hussein, Norman Schwarzkopf, Granaten, Scud-Missiles, Luftangriffe und Bomben bestimmten das Tagesgeschehen in den Medien.

Der Krieg in Kuwait hatte auch Bedeutung für Maries Arbeit, würde Verzögerungen von Plänen und der Veröffentlichung der »Joyride«-LP mit sich bringen. Man mußte wahrscheinlich alle Reisen rund um die Welt einstellen. Es wäre moralisch nicht vertretbar, durch die Welt zu reisen und eine Pop-LP zu promoten, während die Welt den Atem anhielt.

Alles war schon lange generalstabsmäßig geplant gewesen. Das erste Video sollte in Los Angeles gedreht werden. Promotionreisen sollten in den USA und Kanada durchgeführt werden, und dabei standen viele Interviews für Presse, Radio- und Fernsehstationen auf dem Programm. Auch nach Japan sollte die Promoreise führen. Die Reise-Route war bereits festgelegt.

Danach sollte eigentlich eine USA-Tournee stattfinden. Dort wartete bereits Herbie Herbert, der schon viele Tourneen für große Rock-Bands betreut hatte, darauf, daß Roxette sich endlich dem amerikanischen Publikum live vorstellen würden.

»Ihr müßt diesen Sommer unbedingt kommen!« hatte er immer wieder gesagt. »Jetzt werden wir euren weiteren Erfolg hier drüben vorbereiten. Ihr könnt nicht länger warten.«

Es gab viele starke Songs auf der Platte, die man als Single auskoppeln konnte, aber welcher Song würde wohl am höchsten die Hitparade hinaufklettern? Die Meinungen waren geteilt. Die Plattenfirma in Amerika wollte entweder »Spending my time« oder »Fading like a Flower« als erste Single auskoppeln. Denn eine Zeitlang, nach den Supererfolgen von »Listen to your Heart« und »It must have been Love«, wurden Roxette als Balladen-Band gehandelt. Vielleicht war eine Up-Tempo-Nummer besser, um von diesem eingleisigen Image wegzukommen!? »Joyride« war doch wohl die ideale Single. Es war Per, der am meisten zweifelte. Es passierte höchst selten, daß ihm ein Song gefiel, den er selbst sang. Sogar der Rundfunkchef von EMI in Amerika, dessen Aufgabe es war, zu entscheiden, welche Single am besten im Radio laufen würde, wußte nicht, ob nun »Joyride« oder »Spending my time« besser wäre.

Aber jetzt, nach Ausbruch des Irak-Krieges, mußte man wahrscheinlich alles in ferne Zukunft verschieben. Es gab ein Krisenmeeting mit der ganzen Roxette-Leitung: Marie, Per, Roffe, Thomas, Kjelle, Beime und Dimman setzten sich zusammen, um die Zukunft zu besprechen.

Alle waren sich einig, daß die Reise nicht stattfinden sollte. Keiner wollte ein Flugzeug betreten, solange man nicht wußte, was passieren würde. Alle Unternehmen in Schweden stellten die Flugreisen ein, sogar Inlandsflüge!

Statt dessen hatte man nun mehr Zeit, die Veröffentlichung der neuen Platte vorzubereiten. Man konnte auch länger an dem komplizierten Cover der Platte arbeiten. Das größte Problem war natürlich die Amerika-Tournee. Jetzt war es nicht mehr sicher, ob sie wie geplant im Sommer durchgeführt werden konnte.

Aber es wurde Gott sei Dank ein kurzer Krieg. Schon im Februar war er vorbei, und einige Wochen später wurde das Album »Joyride« mit dem Titelsong als erste Single veröffentlicht. Per hatte seinen Widerstand aufgegeben, und die ganze Welt konnte nun die »Freudenreise« genießen. Vielleicht brauchte die Welt jetzt sogar so ein fröhliches Lied!

Jetzt konnten Marie und Per zusammen mit Dimman auch nach Europa fahren, um mit Journalisten zu sprechen und bei TV-Shows aufzutreten.

Im Mai 1991 hatten Roxette einen Fernsehauftritt in Paris. Per, Asa und Clarence blieben einige Tage länger. Frankreich war das einzige Land in Europa, in dem sich Per ungehindert auf der Straße bewegen konnte. Sie saßen gerade im La Coupole und aßen, als Per auf die Uhr schaute. Jetzt gerade würden die Billboard-Listen fertig sein. In den letzten Wochen war »Joyride« in den amerikanischen Charts ziemlich hoch geklettert. Es lag eine gewisse Spannung in der Luft. Spät abends rief er Dimman zu Hause an.

»Ich bin gerade informiert worden – es ist Nummer eins!« schrie Dimman.

Zum vierten Mal Nummer eins in den USA! Jetzt hatten sie, laut Statistik, sowohl die Beach Boys als auch Prince eingeholt. Für Per ein unglaubliches Gefühl. Wieder rief er mitten in der Nacht alle Freunde zu Hause in Schweden an. Dimman informierte auch Marie. Sie war genauso glücklich. Schnell organisierte sie eine kleine Party für ein paar Freunde im Café Opera in Stockholm. Dieser Erfolg mußte gefeiert werden!

»Joyride« wurde auf der ganzen Welt zum Superhit. Weitere Promotionreisen wurden geplant. Alle Pläne, für eine Tournee zu üben, wurden begraben. Jetzt wurde definitiv entschieden, die USA-Tournee einzustellen. Herbie in San Francisco wurde wütend, denn er hatte schon die ganze

Vorarbeit gemacht und war außerdem der Meinung, daß jetzt, nachdem »Joyride« ein Super-Hit war, auch der Weg für eine Erfolgsreise quer durch die Staaten geebnet war. Aber für Roxette war es wichtiger, in viele verschiedene Länder zu reisen und überall ihre Platte zu promoten. Die USA-Tournee konnte man auch noch zu einem späteren Zeitpunkt durchführen.

Genau wie »The Look« wurde »Joyride« in 26 (!) Ländern der Erde ein Nummer-eins-Hit. Marie und Per reisten um die Welt und gaben Interviews. Sie arbeiteten sich durch Europa, machten einen Abstecher nach Japan und traten in Amerika in der populären »The Arsenio Hall Show« und bei Johnny Carson auf.

In den USA nutzten Roxette auch die Chance, vor Publikum zu spielen. Eine große Radiostation in Atlanta feierte Julibäum und wollte, daß Roxette als Hauptattraktion vor 20000 Menschen auftraten.

Das Jubiläumskonzert fiel auf Maries Geburtstag, den 30. Mai. Das Publikum war ganz wild, und Marie bekam auf der Bühne von Donny Osmond und Chris Isaak eine Überraschungstorte überreicht. Darüber hinaus wurden Per und sie zu Ehrenbürgern der Stadt ernannt.

Die größte Freude für die beiden aber war, daß die Fans alle Texte mitsangen. In dieser schwülen Südstaaten-Nacht in Atlanta merkten Per und Marie, daß sie es in Amerika schaffen konnten.

Jetzt wußten sie, daß sie ihre Welt-Tournee unbedingt durchziehen mußten. Der »Joyride« konnte jetzt beginnen.

Die Weltpremiere

Am Morgen des 4. September 1991 erwachten Per und Marie sehr früh.
Die Weltpremiere der »Joyride«-Tour stand bevor!
Heute richteten sich die Blicke erwartungsvoll nach Helsinki, Finnland.
Es fing mal wieder nicht besonders gut an. Nach dem Frühstück bestätigte sich das Gerücht, daß sowohl Expressen als auch Aftonbladet Farbfotos von der Generalprobe, die am Abend zuvor stattfand, abgedruckt hatten – trotz Fotografierverbot.
Marie war traurig und fluchte. Sie hatte am Tag zuvor alle Journalisten gebeten, Blitzlichtgewitter zu vermeiden und nichts zu tun, was die Band am Tag der Generalprobe irritieren könnte. Alle anderen, darunter auch das BRAVO-Team, das eigens aus München eingeflogen war, hatten sich daran gehalten.
»Verdammte Journalisten!« schimpfte Thomas Johansson von EMI Telstar vor der Pressekonferenz. Per fand nicht, daß das alles so schlimm sei, er sah darin sogar eine PR-Wirkung.
»Das ist doch die beste Werbung, die wir bekommen konnten«, sagte er.
Da machte ihm die Generalprobe selbst schon wesentlich größere Sorgen. Es war nicht gut gelaufen. Ja, eigentlich

hatte sich der Sound ziemlich miserabel angehört, es gab jede Menge Rückkopplungen und andere Ärgernisse. Die Roadies hatten die ganze Nacht an der PA-Anlage gearbeitet, und jetzt klang der Sound auf einmal wieder viel besser.

Soweit war alles in Ordnung. Aber je näher die Premiere kam, desto nervöser wurden alle.

In der Präsidenten-Suite des Hotels Hesperia schaute Per auf Helsinki. Er hatte schon den ganzen Tag kaum mit Asa gesprochen.

»Was mache ich eigentlich hier?« fragte er sich, während Asa versuchte, ihn auf andere Gedanken zu bringen.

Plötzlich fühlte sich der mittlerweile zum Weltstar avancierte Musiker wieder genauso wie damals, als er das erste Mal mit Gyllene Tider auf der Bühne vom Kino Reflex in Getinge auftreten sollte. Das war 13 Jahre her. Aber gerade jetzt hatte er das Gefühl, es wäre gestern gewesen.

Zur gleichen Zeit verschwand Marie in der Garderobe der Eissporthalle, um sich zu schminken. Das war ihre Art, sich zu konzentrieren und Kraft zu sammeln. Dieser Moment war ihr heilig. Manchmal wollte sie sich auch aussprechen, dann war Garderoben-Girl Nina eine perfekte Zuhörerin.

Jetzt war der große Augenblick plötzlich da. Die kanadische Vorband Glass Tiger verließ die Bühne. Eine ausverkaufte Halle wartete auf Marie und Per. Das Intro ertönte. Es war die Stimme des englischen Tourmanagers Dave Edwards, die die Fans aufforderte: »Join the Joyride! Get your Tickets here...« Per und Marie bestiegen die Treppen und fetzten dann sofort mit dem rockigen »Hotblooded« los.

Die Uhr zeigte 21.15 Uhr Ortszeit. Die Welt-Tournee hatte begonnen. Marie im schwarzen, hautengen Lederoutfit und Per in einem von Led Zeppelin inspirierten Mantel mit Drachen-Motiven, die er aus Asas Kimono ausgeschnitten hatte.

Als Marie auf ihren linken Monitor-Lautsprecher sah,

konnte sie sich ein Lächeln nicht verkneifen. Da hing der Zettel, auf dem stand »Helsinki« und »Talk Swedish Today«.

Das hatte Masse, der Gitarrentechniker, geschrieben. Er war schon bei der ersten Tournee dabeigewesen, und damals hatte sie ihn immer wieder gefragt, in welcher Stadt sie gerade wären. Damit sie immer Bescheid wußte, hatte Masse die Zettel aufgehängt.

Die Premiere wurde ein großer Erfolg. Die finnischen Fans flippten voll aus, und die Zeitungsartikel am nächsten Tag waren fast euphorisch. Sie überschütteten die beiden mit Komplimenten der Superlative.

Die Premierenfeier dauerte bis in die frühen Morgenstunden. Per und einer seiner Freunde aus Halmstad tranken die Hausbar leer, und Jonas, Dave und Clarence wurden nostalgisch und begannen draußen im Hotelkorridor Beatles-Songs zu singen.

Zur selben Zeit rollten bereits die sieben Equipment-Trucks von Edwin Shirley Trucking in Richtung Schweden zum nächsten Auftrittsort.

»Wenn wir nicht arbeiten, dann schlafen wir«, brachte Masse das anstrengende, zuweilen auch abenteuerliche Roadie-Leben auf den Punkt.

Aber weder Masse noch einer der schwedischen, englischen und amerikanischen Roadies klagten. Ihnen gefiel ihr Leben. Marie und Per waren beliebte Arbeitgeber. Nicht alle Bands waren so. In Großbritannien und in Amerika würdigten die Künstler die Roadies häufig keines Blickes.

Deshalb waren die Engländer und Amerikaner auch anfangs etwas mißtrauisch, als die schwedischen Weltstars sie grüßten. Und als Marie einmal mithalf, einen Kasten auf einen Anhänger zu schieben, waren sie total schockiert. Sie ging gerade vorbei, als Masse sie aus Spaß fragte, ob sie ihm nicht helfen könnte.

»Klar«, sagte sie, »selbstverständlich!«

Hätte ich Madonna das gleiche gefragt, wäre ich wahrscheinlich rausgeflogen, dachte sich Masse.

Ihre Heimat hatten Roxette schon viele Male erobert. Auch diese Tournee wurde zu einem weiteren Triumphzug.

Aber die Schweden-Tour war trotzdem nur ein lauer Vorgeschmack auf das, was sie im Ahoy Sportpaleis in Rotterdam erwartete. Die Arena war total ausverkauft, und die Fans sangen jeden Song lauthals mit. Das war eine Publikumsresonanz, die Roxette noch nie zuvor erlebt hatten. Die Band bekam eine Art Freudenschock.

Und so ging es weiter. In Brüssel, wo 1989 nur 600 Zuschauer zum Konzert kamen, waren jetzt 24000 gekommen. Und während 1650 Menschen zwei Jahre zuvor bei dem unvergeßlichen Konzert in Zürich dabeigewesen waren, hatten sie jetzt drei ausverkaufte Konzerte im Hallenstadion, mit einem Fassungsvermögen von 40000 Menschen.

Roxette spielten jetzt in der obersten Liga.

Der »Joyride« geht weiter

Am Freitag, dem 22. November 1991, startete um 17 Uhr die Maschine der Skandinavian Airlines vom Stockholmer Flughafen Arlanda mit Ziel London, von wo aus es weiterging in Richtung Perth, Australien. An Bord waren Marie und Per, die Band, Tourneeleiter Dave Edwards, Maries Assistent Uffe Andreasson, Pers Freundin Asa Nordin und Thomas Johansson von EMI Telstar. Nur Anders Herrlin fehlte, aber er sollte nachkommen, da er auf dem Weg nach Australien Verwandte in Saudi-Arabien besuchen wollte.

Die Bühnencrew war bereits am Vortag abgereist. Diesmal flogen nur 17 Personen im voraus, weil sowohl Bus- und Truck-Fahrer wie auch Catering-Personal in Australien angestellt wurden. Während des europäischen Teils der Tournee waren es 27 Personen, die der Band vorausflogen, um die wichtigen Vorbereitungsjobs zu erledigen, eine der Voraussetzungen, damit eine Tournee so reibungslos wie möglich ablaufen konnte.

Tourmanager Dave bereitete alles immer so gut vor, daß es normalerweise keine Zwischenfälle gab. Deshalb wollten Marie und Per ihn auch als Tourneeleiter haben, nachdem sie ihn bei »Rock runt Riket«-Tour kennengelernt hatten. Seine Planung, seine Übersicht und Ruhe gaben Per und Marie hundertprozentige Sicherheit und Vertrauen. Dave hatte die Kontrolle über alles. Es gelang ihm sogar, Per mit einem Trick dazu zu bringen, einigermaßen pünktlich zu sein. Er sagt Per allerdings nie dieselbe Uhrzeit wie den anderen. Sollte sich die Clique um 17 Uhr am Bus treffen, sagte Dave zu Per 16.30 Uhr. So gelang es ihm, Pers ständige Gewohnheit, immer circa eine halbe Stunde zu spät zu kommen, abzustellen.

Vor dieser Reise hatte Dave Anders angerufen und ihm gesagt, daß er einen Tag eher als ursprünglich geplant aus Saudi-Arabien abreisen solle. Dave hatte die Fluggesellschaften abgecheckt und gemerkt, daß alle Flüge nach Perth ausgebucht waren. Es würde unmöglich sein umzubuchen, wenn sich ein Flugzeug auf der Reise verspäten würde.

»Flieg bitte einen Tag früher, damit du rechtzeitig zur Premiere in Perth bist«, bat Dave.

»Mach dir keine Sorgen, ich komme pünktlich«, antwortete Anders.

Die Australien-Tournee dauerte vom 24. November bis zum 14. Dezember, mit zehn Konzerten und zehn freien Tagen. Aber »freie Tage« konnten vieles bedeuten – auch Video- und TV-Aufnahmen.

Am Premierentag rief Thomas Johansson um acht Uhr früh in Daves Hotelzimmer im Hyatt Regency in Perth an.

»Anders ist nicht hier«, sagte er.

»Ist schon okay«, beruhigte ihn Dave. »Er kommt bald.«

Trotzdem fing er an, unsicher zu werden. Sollte Anders nicht schon dasein? Nun ja, es gab noch keinen Grund, sich aufzuregen. Dave machte einen Routine-Anruf. Von Malaysian Airlines bekam er die Information, daß Mr. Herrlin mit dem Flugzeug in Perth gelandet war. Aber in seinem Hotelzimmer war er nicht, und an der Rezeption hatte keiner einen Mr. Herrlin empfangen.

Der Fahrer der Limousine, der auf ihn am Flughafen gewartet hatte, hatte ihn nicht gesehen. Nach einer Stunde war er ohne seinen Gast nach Hause zurückgefahren.

War Anders ins falsche Hotel gefahren? Dave rief einige der größten an. Vergebens. Jetzt wurde Dave unruhig. Die Premiere rückte immer näher. Jetzt mußte er mit der Wahrheit herausrücken. Er mußte jemandem von der Band erzählen, daß ihr Bassist fehlte. Zuerst kontrollierte er alles noch ein letztes Mal und erfuhr, daß das letzte Flugzeug dieses Tages bereits um fünf Uhr angekommen war. Auch auf diesem Flug war er nicht.

»Was sollen wir jetzt machen?« fragte Dave Clarence. »Anders ist verschwunden!«

»Tja, was können wir da machen? Der einzige, von dem ich weiß, daß er Baß spielen kann, ist unser Monitormann Jocke Helmer«, sagte Clarence.

Niemand wußte natürlich, ob Jocke das schaffen würde – im Rampenlicht vor so vielen Menschen zu spielen. Das war ja etwas anderes als zu Hause neben dem Plattenspieler zu sitzen und mit dem Baß die Songs zu begleiten. Konnte er wirklich alle Baßläufe von »Joyride« und all den anderen Songs spielen?

Ununterbrochen fragten alle, was wohl mit Anders passiert war!

Jetzt mußte man Marie und Per informieren. Die Zeit war knapp, und Dave hatte natürlich keine Freude daran, den beiden mitzuteilen, daß Anders verschwunden war. Er warf noch mal einen kurzen Blick auf die Hotelzimmertür von Anders' Zimmer. Und was sah er da? Ein »Do not disturb«-Schild hing an der Tür. Dave blieb stehen und kontrollierte noch mal die Zimmernummer. Dann stürzte er zur Rezeption hinunter.

»Wer ist in Zimmer 104?« fragte er aufgeregt den Concierge.

»Da ist niemand«, kam die Antwort. »Das Zimmer ist für Mr. Herrlin reserviert, aber er hat nicht eingecheckt!«

Dave rannte wieder hinauf und hämmerte gegen die Tür. Nach einer Ewigkeit wurde sie langsam von einem schlaftrunkenen Menschen geöffnet. In dem Türspalt konnte er flüchtig Anders erkennen.

Dave riß die Tür auf.

»Wo bist du gewesen?« schrie er ihn an.

»Hier«, antwortete der Bassist im Halbschlaf. »Ich kam ganz spät heute nacht. Niemand war an der Rezeption, da habe ich mir einfach selber den Schlüssel genommen.«

»Aber warum bist du nicht mit der Limo, die auf dich gewartet hat, gekommen?«

»Ach, die war für mich? Das wußte ich nicht. Ich habe mir ein Taxi genommen«, sagte Anders verblüfft.

Die Welt-Tournee rollte jetzt auch auf dem neuen Kontinent weiter. Überall ausverkaufte Häuser, in Perth, Adelaide, Melbourne, Sydney, Brisbane... Die Dire Straits tourten zur gleichen Zeit durch Australien, mußten aber mehrere Konzerte vom Tour-Plan streichen; denn durch die schlimme Konjunkturflaute des Landes lief der Vorverkauf für die Engländer sehr schlecht. In Sydney mußten sie vier von ihren geplanten acht Konzerten streichen. Aber für die Schweden lief es genau anders. Roxette mußten zwei extra Konzerte im Entertainment Centre in Sydney geben, damit wurden es hier vier statt zwei ausverkaufter Konzerte.

Es war im Sebel Town House, dem Hotel in Sydney, wo die Idee zu einer Tournee-Platte geboren wurde. Per saß eines Abends an der Bar und unterhielt sich mit Wayne Isham, einem der wichtigsten Regisseure in der amerikanischen Videobranche. Er hatte großartige Videos gemacht, unter anderem mit Bon Jovi und Metallica, und jetzt hatte sich Roxette an ihn gewendet, um einen Fernsehfilm über die australische Tournee zu drehen. Wayne war der Meinung, daß Roxette endlich ein spezielles Album veröffentlichen sollten.

»Macht etwas, was auffällt«, riet er. »Zu Hause in den

USA haben alle Angst, etwas zu produzieren, das anders als ihre ersten Erfolge klingt. Alle landen in bestimmten Schubladen, aus denen sie dann nicht mehr herauskommen können. Warum nehmt ihr nicht eine akustische EP auf, die ganz anders klingt als das, was ihr sonst macht?«

»Nein«, sagte Per. Er war von der »unplugged«-Idee nicht begeistert. Aber hatte nicht einmal Jackson Browne eine lustige LP mit vielen Gags aufgenommen? Mit Aufnahmen aus den Hotelzimmern und solchen Sachen? Und U2 hatten auch mal eine ungewöhnliche Platte veröffentlicht... Vielleicht sollten wir anfangen, Material während der Tournee aufzunehmen, um zu sehen, was man daraus machen kann. Eine Tournee-Platte, die die Energie der Band festhält... Wäre das nicht etwas?

Am nächsten Tag fragte er Marie und Clarence nach ihrer Meinung. Er rief in Stockholm an und wollte Kjelle Anderssons Meinung wissen. Kjelle war total begeistert. Er hatte etwas übrig für solche Ideen.

Per hatte schon einige Songs, die er für die nächste Platte verwenden wollte, liegen. Er hatte auch Ideen zu neuen Songs, die er während der Tournee schreiben wollte. Ein paar Songs könnte man auch von den Filmaufnahmen verwenden. Das war dann zwar mit Publikum, bedeutete dafür aber auch, daß alles vielseitiger wurde. Das einzige Dumme war, daß Alar Suurna nicht dabei war. Wäre er dabeigewesen, wäre der Sound perfekt gewesen.

Mit einem neugedrehten Film, mit neuen Videos, neuen Songs für die kommende Tournee-LP und jeder Menge neuer Erfahrungen flog die Truppe zurück nach Schweden. Es war kurz vor Weihnachten, und alle freuten sich auf die Pause.

Nur Marie blieb einige Tage länger in Australien. Als sie nach Hause kam, hatte sie einen funkelnden Ring am linken Ringfinger. Jetzt konnte die Yellow Press sofort anfangen, Artikel zu schreiben, daß sich Roxette-Star Marie

Per und Asa beim Picknick

Fredriksson mit dem Musiker Micke Bolyos verlobt hatte. Wie, wann und wo sich die beiden getroffen hatten, blieb aber ein Geheimnis.

Für Per war es immer wieder schön, nach Halmstad zurückzukehren. Hier war er zu Hause, hier konnte er seine Freunde treffen, und hier konnte er auch richtig ausspannen.
 Aber auch diesmal konnte er nicht sofort ausspannen, als er seine Dachwohnung betrat. Wie üblich hatte er 15 Meter Faxpapier zu lesen, und vermutlich gab es genauso viel im Stockholmer Büro. Er nahm natürlich auch die Gelegenheit wahr, stundenlang mit Beime in Örebro zu telefonieren, um die letzten Neuigkeiten zu erfahren. Wie immer gab es von verschiedenen Unternehmen Anfragen bezüglich Werbung und Bitten, die Roxette-Musik verwenden zu dürfen. Auch viele TV-Gesellschaften hatten sich gemeldet und wollten grünes Licht haben, damit sie die Roxette-Songs in ihren

Programmen und Filmen verwenden durften. Alle diese Anfragen liefen über das Büro in Örebro. Viele wurden gleich abgelehnt. Man brauchte nur den Weg gehen, der schon seit langem klar war. Wie immer hatte sich Anwalt Robert Thorne aus Los Angeles gemeldet. Per merkte schnell, daß die Organisation immer noch perfekt funktionierte. Roxette war eine Organisation der Weltklasse geworden, die mit keiner anderen zu vergleichen war.

Die meisten großen Stars in der Branche arbeiteten seit Urzeiten in Organisationen, wo sie selbst außen vor waren. Es gab Manager, Sekretärinnen und Unmengen von Handlangern, die alle an verschiedenen Dingen arbeiteten. Es dauerte meistens lange, bis die meisten Entscheidungen getroffen werden konnten. Die gesamte Planung hatte selten etwas mit den Wünschen des Künstlers zu tun.

Per und Marie dagegen behielten immer den Überblick und konnten alle wichtigen Entscheidungen selbst treffen.

»Es ist einfach zu denken, daß das Ausland in unserer Branche bessere Arbeit leistet«, hatte Beime eines Tages gesagt. »Man läßt sich so leicht von der amerikanischen Unterhaltungsindustrie beeindrucken. Es ist aber eine Tatsache, daß es nur ganz wenige so gut funktionierende Organisationen wie unsere gibt. Denn wir sind es, die den Amerikanern, Engländern, Deutschen und allen anderen imponieren würden, wenn die wüßten, wie wir arbeiten!«

Nach einigen hektischen Wochen in Schweden war es wieder Zeit, Koffer zu packen. Jetzt ging die Reise Richtung Vancouver in Kanada. Eine zweimonatige Tour durch Städte wie Minneapolis, Chicago, Detroit, San Francisco, Los Angeles, New York und Mexico City wartete auf Roxette – mit Konzerten in Hallen, die bis zu 10 000 Personen faßten. Natürlich konnte man nicht immer damit rechnen, so ein großes Publikum anzulocken, und hier und da wurde auch in kleineren Hallen gespielt. Aber das Ziel der

Reise war, zu beweisen, daß Roxette eine richtige Live-Band war und nicht irgendein Studio-Projekt.

Das einzige, was die Tournee-Gesellschaft etwas bekümmerte, war, daß ihre aktuelle Single »Spending my time« etwas schlechter als erwartet in die Billboard-Charts eingestiegen war. Die Erklärung für die etwas schlechteren Verkaufszahlen war folgende: Die Plattenfirma in den USA hatte durch eine Fusion mit einer anderen Firma Probleme. Leute wurden entlassen, die Platten konnten nicht pünktlich in die Läden geliefert werden, niemand kümmerte sich um die Promotion und Rundfunkeinsätze. In dem Wirrwarr, das in der Gesellschaft entstanden war, gab es nicht eine einzige Person, die sich um die neue Roxette-Single kümmerte.

Die Band fühlte sich trotzdem pudelwohl, sie hatten ja ein phantastisches Publikum. Gleichzeitig bekamen sie von den amerikanischen Großstädten ganz neue Eindrücke. Es gab nicht nur fetzige Autos, Neon und Glanz. Manchmal kamen sie sich vor, als würden sie im zerbombten Beirut sein. In Detroit glich das Stadtzentrum einer toten Steinlandschaft, wo sich nur verschiedene Grüppchen am Abend herauswagten. Die meisten Schaufenster waren dort mit Holzplanken vernagelt. In Washington D.C. erzählte der schwedische Botschafter Anders Thunborg, der sie zum Mittagessen eingeladen hatte, daß es nur ein Stadtviertel von der schwedischen Botschaft entfernt für die Bewohner ums nackte Überleben ging.

Es war schrecklich. Aber der Band blieb nicht viel Zeit, darüber nachzudenken. Immer wieder mußten sie weiter.

Jetzt war ihr Tag mit Arbeit ausgefüllt, und sie mußten auch noch an die neue Platte denken, die langsam Konturen annahm. Per hatte während der Weihnachtstage in Halmstad einiges vorbereitet, was man in Amerika aufnehmen könnte. Da gab es im Tournee-Plan zum Beispiel vier freie Tage in Los Angeles. Dort mieteten sie ein Studio und

nahmen eine ganz neue Version von »It must have been love« sowie das neugeschriebene »Heart Shaped Sea« auf. Als es beim letztgenannten Song Probleme mit dem Gitarrensound gab, hatte Per eine spontane Idee.
»Wir fliegen MP ein«, sagte er.
Gesagt, getan. Ein Telefongespräch von Los Angeles mit MP in Halmstad war nötig, mehr nicht. MP ließ sich einige Tage von der Gepäckabfertigung von Linjeflyg beurlauben, und dann war er auch schon auf dem Weg. »Heart Shaped Sea« konnte genauso eingespielt werden, wie es sich Per vorgestellt hatte.

Der Abstecher nach Mexiko-City markierte das Ende dieser Etappe der »Joyride«-Worldtour. Hier bekamen Roxette eine Vorahnung, was sie weiter südlich in Südamerika erwarten würde. Für die Südamerikaner gab es auf der ganzen Welt keine Band, die berühmter als Roxette war. Nach den fast unglaublichen Erfolgen in Europa, Australien und den USA würde totale Hysterie die nächste Etappe kennzeichnen.

Abenteuer in Südamerika

An dem Tag, als Roxette in Rio de Janeiro landeten, strömten 5000 obdachlose Kinder von den Bergen hinunter und plünderten den ganzen Strand der Copacabana. Die Polizei war größtenteils machtlos.

Diese 5000 waren aber nur ein geringer Bruchteil der 450 000 Kinder und Erwachsenen, die jede Nacht gezwungen waren, an Luftschächten von Supermärkten, an Straßenecken oder in den Grotten in den Bergen oberhalb der Stadt zu übernachten und sich tagsüber Essen zu erbetteln oder zu stehlen.

Die Behörden hatten längst die Kontrolle verloren. Mord, Drogenmißbrauch, Raubüberfälle und Vergewaltigungen gehörten zum Alltag. Die Kriminalität nahm in erschreckendem Maße überhand. Deshalb kam es auch immer öfter vor, daß sich gutsituierte Familien kleine Privat-Armeen leisteten, um sich zu schützen.

Kinder unter fünfzehn Jahren waren nicht strafmündig. Viele betroffene Bürger übten sich daher in Selbstjustiz – auf unbeschreiblich grausame Art und Weise: Sie erschossen die Kinder, streckten sie nieder wie Tiere. Und niemand schien es zu kümmern.

Diesen Schmelztiegel der Armut und des Verbrechens erreichten Roxette mit ihrer »Joyride«-Tournee im Frühling 1992. Sie checkten im Rio Palace Hotel, einer vollverglasten, geschützten Luxuswelt mit Aussicht auf die Copacabana, ein.

Per und Marie wurde empfohlen, sich nur im Hotel aufzuhalten – zu groß war die Gefahr, überfallen zu werden. Die restlichen Bandmitglieder durften das Hotel nur in kleinen Gruppen verlassen. Die brutale, ungeschminkte Realität war nur wenige hundert Meter von den luxuriös-glänzenden Hotelfassaden entfernt. Hier waren die Elendsviertel, die Slums. Die Menschen hausten dort in provisorischen Hütten, zusammengefügt aus Pappe, Blech und alten Holzplanken. Ein erbärmlicher Gestank lag in der Luft. Frisches Wasser gab es nicht, nur eine braune, stinkende Kloake – höchst menschenunwürdige Verhältnisse.

»Money, please?« bettelte ein Kind mit traurigen Augen.

Uffe Andreasson, Maries Assistent, war mit den anderen in die Stadt gegangen und fand sich jetzt einem dieser wehrlosen Kinder konfrontiert.

Okay, dachte er. Er gab dem Jungen eine Münze im Wert von ungefähr acht Mark und ging weiter. Aber es entging ihm nicht, wie der kleine Junge an der nächsten Ecke von zwei älteren Jungs niedergeschlagen wurde und ihm das Geld geraubt wurde.

Erschüttert und hilflos eilte Uffe weiter. Hier gab es nur ein Gesetz, das des Dschungels, wo nur der Stärkste überlebt.

Mit dem Tourbus ging's hinaus zur Konzertarena Praca Da Apotese, einem Fußballstadion, das von einer Hundertschaft Polizei bewacht wurde. Auf der halbstündigen Fahrt dorthin passierte man riesengroße Wolkenkratzer, den Inbegriff des westlichen Kapitalismus, und nur einen Kilometer weiter durchfuhr man eine Slumgegend, wo die Ärmsten der Armen hausten. Kleine Kinder in zerrissenen Kleidern standen an der Straße und schauten sehnsüchtig dem modernen Luxusbus nach.

Diese erschütternden Bilder vor Augen, stiegen alle aus und gingen in Richtung Garderobe. Auf dem Weg dorthin mußte die gesamte Band durchs Cateringzelt, an den aufgebauten Büffetts vorbei. Die Tische bogen sich förmlich vor Käse, Wein, Obst und anderen Leckereien. Aber keiner hatte jetzt Appetit.

Wir geben das ganze Essen an die Menschen dort hinten weiter, schlug Pelle Alsing vor. Er hatte entdeckt, daß hinter dem Zaun, fünf Meter von ihrem Fenster entfernt, einer dieser Slums lag.

Marie hatte das Gefühl, daß sie etwas mit dem Verkaufserlös des heutigen Abends machen sollte, aber sie wußte nicht, was.

Wenn man das Geld einem Kinderheim schenkt, wie soll man denn da wissen, ob das Geld auch wirklich dafür verwendet wird und nicht in die falschen Hände kommt, überlegte sie.

Marie hatte schon immer ein Herz für die sozial Schwachen in der Gesellschaft. Wann immer sie konnte, nahm sie an Wohltätigkeits-Veranstaltungen teil: Sie hatte im Kampf für die Menschenrechte, für den Umweltschutz, für den Kampf gegen Krebs gesungen und hatte auch nicht gezögert, als Amnesty International sie fragte, ob sie an einer Kampagne für gefolterte und vergewaltigte Frauen in Ländern mit diktatorischen Regierungen teilnehmen wollte.

Im ausverkauften Stadion warteten 40 000 erwartungsvolle Brasilianer. Und draußen standen ebenso viele (!), die keine Karten mehr bekommen konnten. Spannung lag in der Luft, und es gab großen Ärger: In dem Gewühl wurde ein Junge zu Tode getreten, nachdem er mit einer Bande in Streit geriet. Dieser Vorfall war übrigens das einzige, was die schwedische Presse über die »Joyride«-Tour im Ausland zu berichten hatte. Ansonsten berichteten die schwedischen Zeitungen fast gar nicht über die Tournee.

Auch wenn 40 000 Menschen gejubelt hatten und die

Stimmung Spitze war, fand Alsing später, daß dies das schlechteste Konzert der Tour war. Angesichts der ganzen Umstände konnte er sich nicht richtig über das Konzert freuen. Die anderen übrigens auch nicht.

Bis zu diesem dunklen Tag in Rio war die Südamerika-Tournee wesentlich lustiger gewesen. Wo sie auch auftraten, wurden Roxette frenetisch bejubelt, entfachten überall eine unglaubliche Hysterie. Im nachhinein waren sie sich alle einig: Südamerika war die beste Tournee, die Roxette jemals gemacht hatten.

Die südamerikanischen Journalisten rissen sich um Per und Marie. Jeder wollte ein Interview mit den schwedischen Superstars machen. In Uruguay wurde am Flughafen von Montevideo ein TV-Studio aufgebaut. Kaum waren Roxette aus dem Flieger ausgestiegen, waren sie auch schon mitten in einer Live-TV-Show. Beim Konzert am Abend spielten sie vor 20 000 Zuschauern. Danach stand Paraguay auf dem Plan. 40 000 Fans waren bei der Show in Asunción.

Die Reise dorthin war unbehaglich. Sie kamen mitten in ein tropisches Unwetter, und das Flugzeug wurde zwischen Blitzen und Orkanwinden hin und her geschüttelt.

Trotz des Unwetters warteten viele Presseleute am Flughafen und wollten Interviews machen.

Der Regen nahm kein Ende. Die enormen Wassermassen hatte viele Wege fortgespült, unter anderem auch den Weg zum Hotel, den man nach diesem Wolkenbruch nur noch ahnen konnte.

Am nächsten Tag, als sich das Unwetter in strahlenden Sonnenschein verwandelt hatte, konnte man sich von den Strapazen erholen. Am Pool des Yacht & Golf-Clubs ließ es sich die ganze Band gutgehen, bis es Zeit war, um sich für das Konzert vorzubereiten.

Im Hotel glich keine Suite der anderen. Jede war in dem

Repariert alles:
Maries Assistent
Uffe Andreasson

Stil eines anderen Landes eingerichtet. Die Zimmer kosteten 1500 Mark pro Nacht, in einem Land, in dem die Bevölkerung, laut der schwedischen Rezeptionistin, durchschnittlich nur acht Mark im Monat verdiente.

Chile, Santiago und San Carlos Apoquindo waren die nächsten Stationen.
40000 Menschen standen nach 120 Minuten Show jubelnd in der Arena und forderten lautstark eine weitere Zugabe. In diesem Moment sprangen Per, Asa und Tour-Betreuer Tosse Nielsen bereits in die erste bereitstehende Limousine und Marie, Micke Bolyos und Dave in die zweite, um sofort zum Hotel zurückzufahren. Alles war minutiös geplant worden, weil es nur einen Weg zur Arena gab und kurz nach Konzertende ein großes Verkehrs-Chaos auszubrechen drohte.

Die Polizei-Eskorte, die auf der falschen Seite fuhr, um einen Weg zu bahnen, hatte nicht mit den falsch geparkten Autos gerechnet. Nach 250 Metern voller Fahrt hieß es: Halt, nichts ging mehr! Und schon begannen die Fans aus der Arena herauszuströmen.

Es dauerte nicht lange, bis die Autos umringt waren. Einige Fans klopften an die Scheiben, während andere die Autos hin und her schaukelten. Zuerst war es ein unangenehmes Gefühl. Marie bekam Angst, versuchte unter den Sitz zu kriechen. Tourmanager Dave kritzelte das Wort HELP an die beschlagene Windschutzscheibe.

Wenige Minuten später entspannte sich die Situation. Marie und Per merkten, daß die Fans keine Rowdys waren. Im Gegenteil: Die Menschen, die sich um die Autos herum drängten, fingen an, ein Roxette-Lied nach dem anderen anzustimmen. »Nananananana she's got the Look!« Das war eines der eigenartigsten und schönsten Erlebnisse dieser Tournee.

Der absolute Höhepunkt aber war Argentinien.

Dort hatte die Band 400 000 verkaufte Exemplare von »Joyride« im Rücken. Es war die meistverkaufte englischsprachige Schallplatte überhaupt, inklusive der Beatles, Stones, Michael Jackson und U2.

Buenos Aires ist eine schöne, ja fast gemütliche Stadt, wo die Menschen in kleinen Straßencafés diskutieren, die Männer nach der Arbeit auf der Straße Boule spielen und Wein trinken, während die Frauen zu Hause die Familie versorgen. Die Stadt hatte ein europäisches Flair.

Das Alvear Palace Hotel in aller Öffentlichkeit zu verlassen war für Per und Marie undenkbar; denn dort warteten Tausende von Fans, und alle hatten nur einen Wunsch: ein Autogramm zu bekommen, ein Foto zu knipsen oder wenigstens einen flüchtigen Blick auf ihre Idole zu werfen.

Während des Aufenthaltes in der argentinischen Hauptstadt standen in England die Cup-Finals im Fußball an. Leeds-Fan Per Gessle und Manchester-United-Anhänger Pelle Alsing wußten natürlich Bescheid. Pelles United hatten fast die ganze Saison die Tabelle angeführt. Und jetzt war Manchester United wirklich wieder dem ersten Titel seit 1968 nahe. Pelle hatte für Leeds und somit auch für Per nur spöttische Kommentare übrig.

Das Endspielergebnis war dann natürlich ein Schock für Alsing. Er hatte es der englischsprachigen »Buenos Aires Post« entnommen. Manchester United war kurz vor dem Ziel gestolpert, und Leeds gewann. Jetzt mußte er alles daransetzen, daß Per nichts davon erfuhr. Aber der verfolgte das Drama natürlich auch, schaute aufmerksam den Nachrichtensender CNN. Als das Resultat feststand, sann Per auf Rache. Es gelang ihm, vor Konzertbeginn ungesehen auf die Bühne zu schleichen. Als Pelle seinen Platz hinter dem Schlagzeug einnahm, waren die Schlagzeugstöcke, die Bassdrums und der Stuhl mit Klebestreifen überzogen. Und auf den Klebestreifen prangte in großen Lettern: LEEDS UNITED.

Die beiden Konzerte im Velez Sarsfield Stadion wurden mit über 85000 Fans ein magisches Erlebnis. Das gleiche galt auch für das Konzert in der Kulturstadt Córdoba, wo die Schüler extra schulfrei bekommen hatten, um zum Konzert zu gehen. Genau wie in Tucumán, wo man noch nie einen so großen Künstlerbesuch hatte. Es gab sogar das Gerücht, daß die argentinischen Schüler mit Hilfe der »Joyride«-Texte Englisch-Unterricht bekamen.

»Dressed for Success« – das war Marie in dem Outfit der brasilianischen Nationalmannschaft, im Trikot mit der Nummer zehn, das sonst immer Edson Arantes do Nascimento, kurz: Pelé, getragen hatte. Marie hielt auf der

Bühne einen Moment lang inne und genoß sichtlich die Hysterie in der kochenden Gigantintho Arena in Porto Alegre.

Ein Nachtclub in São Paulo, wo man »Never is a long time« für die »Tourism«-LP aufnahm, war nach drei Wochen der letzte Stopp. Trotz der schockierenden Eindrücke von Rio hatte Südamerika für immer einen Platz in den Herzen von Roxette erobert.

Das war Per und Marie klar, als sie am Samstag abend, dem 16. Mai, in die Maschine KL 796 in São Paulo stiegen, um den Rückflug nach Europa anzutreten.

»Den ständiga Resan« – Maries Solotrip

Roxette war für Marie ein wirbelndes Erfolgskarussell. Aber privat mußte sie für den Erfolg einen hohen Preis zahlen. Es war schwierig, ein normales Leben zu führen. Marie empfand das Star-Dasein immer als sehr anstrengend und kräftezehrend. Immer stand sie im Mittelpunkt, überall wurde sie erkannt, wurde beobachtet bei allem, was sie tat. Manchmal hatte Marie sogar richtige Zweifel, ob der Ruhm seinen Preis wert war. Für sie bedeutete der Erfolg nicht nur Glück. Er bedeutete auch Seelenschmerz und Einsamkeit. Mehr als eine Beziehung war in die Brüche gegangen, bevor sie Micke Bolyos traf, weil Marie ständig mit Roxette auf Reisen war.

Darum war für sie ihr viertes Solo-Projekt »Den ständiga Resan« (Die ewige Reise) so wichtig. Hier, bei diesem neuen Projekt, konnte sie sich alle Gefühle von der Seele schreiben. Es war dieses neue Projekt, das ihr Trost gab, wenn sie merkte, daß sie keinen Halt mehr im Leben hatte.

Marie war es leid, sich privat zu verstellen. Mit der neuen Platte wollte sie alle Gefühle rauslassen. »Den ständiga Resan«, »Mellan sommar och höst«, »Sa länge det Iyser mittemot« – in den insgesamt vierzehn Songs erfährt der Hörer einiges über Marie Fredrikssons Leben in den letzten vier ereignisreichen Jahren und das, was sie bewegt. »Den ständiga Resan« wurde ihr musikalisches Selbstporträt.

Eigentlich hatte sie keine Zeit dafür, aber während all der Flüge dachte sich Marie ihre Songs aus. Sie sang Textideen und Melodien auf ihren Walkman und sprach die Akkorde, die ihrer Meinung nach dazu paßten, auch aufs Band. »This is your Captain speaking, we welcome you on board...« konnte man manchmal auf dem Demo-Band hören.

Maries Musik bestand aus Tönen in Moll und einfachen, zurückhaltenden Arrangements mit vielen Synthesizer-Parts. Die Atmosphäre war eher düster und dunkel.

Marie fühlte eine knisternde Spannung in sich, weil sie endlich wieder ihre eigenen Songs schreiben konnte. Manchmal war sie fast neidisch auf Per, weil er vor Kreativität nur so strotzte, was das Komponieren anging. Er konnte nicht nur simplen Goodtime-Pop produzieren, sondern auch einfühlsame, warme Balladen.

Ab und zu schrieben sie Songs zusammen. »Watercolours in the Rain« zum Beispiel war ein alter Text, den Marie vor langer Zeit von Per bekommen hatte. Auch auf »Hotblooded« hatten sie ihre Ideen verschmolzen. Von Per stammte die Melodie und der eingängige Refrain, während sie den bluesigen Vers beisteuerte.

Zwar hatte sie bisher einige Songs für Roxette geschrieben, aber »Den ständiga Resan« war eine noch größere Erfüllung für sie, weil diese Platte aus 100 Prozent Fredriksson bestand. Das gab's zuvor nur einmal, bei der Solo-Single »Sparvöga«, zu der sie ebenfalls Text und Musik gemacht hatte.

Als EMI International fragte, ob sie Interesse hätte, die Platte auch mit englischen Texten einzuspielen, lehnte sie ab. Sie wollte Schwedisch singen. Englisch war für sie zu sehr mit Roxette verknüpft.

Sie produzierte das Album sogar selbst. Allerdings war Anders von Roxette immer als Techniker und Co-Produzent dabei. Doch es war stets Marie, die die Richtung bestimmte.

Sie hatte schon lange davon geträumt, selbst zu produzieren, hatte es aber nie gewagt. Bei Roxette überließ sie diesen Job Clarence, Per und Anders. Jetzt fühlte sie sich reif genug und hatte auch eine klare Vorstellung davon, wie die Songs klingen sollten.

Eine andere Sache, von der Marie geträumt hatte, war, endlich wieder Keyboards zu spielen – wie früher bei Strul und MaMas Barn. Auf ihren ersten drei Solo-Alben hatte sie professionelle Studiomusiker engagiert, doch jetzt griff sie wieder selbst in die Tasten. Für sie war's ein tolles Gefühl.

Schon im Herbst 1991 hatte Marie sich entschieden, ein Jahr später ihre erste Solo-Platte in fünf Jahren zu veröffentlichen.

Zur Krönung des Ganzen wollte sie eine Solo-Tour in kleinem Rahmen machen. Im Herbst '92 war es soweit.

Sie dachte zurück an frühere Tourneen:

Ihre erste fand im Winter 1985 statt. Mit von der Partie waren Ricky Johansson (Baß), Pelle Andersson (Drums), Nane Kvillsäter (Gitarre) und Ika Nord (Backgroundgesang). Es war zwar eine richtige Low-Budget-Tournee, aber alle hatten viel Spaß.

Exakt ein Jahr später, im Winter 1986, war Marie wieder on the Road. Die Premiere war im Wa-Waco in Halmstad. Bei der After-Show-Party schlug die heitere Stimmung um in Tränen und Verzweiflung, weil bekannt wurde, daß der schwedische Ministerpräsident Olof Palme ermordet worden war. Das Fest fand ein abruptes Ende. Am liebsten hätte Marie auch das nächste Konzert in Vänersborg abgesagt, aber es waren schon zu viele Karten verkauft. Es wurde ein kurzes Konzert, auch die Zuschauer trauerten.

Einige Tage später trat sie im Zusammenhang mit Palmes Begräbnis in der TV-Sendung »Gomorron Sverige« auf. Marie und Dimman waren noch nach dem Konzert in Lund nach Stockholm gefahren, um rechtzeitig zu kommen. Jetzt stand sie hier und sang Ulf Schagerströms »Mot okända hav«. Es war sicherlich einer der ergreifendsten Momente ihres Lebens.

Marie war nach ihrem Durchbruch von Freunden und Bekannten gewarnt worden, daß es ein Problem werden würde, in Zukunft ein Privatleben zu führen. Sie wollte ihnen das Gegenteil beweisen. Zu ihrem 30. Geburtstag lud sie viele Leute aus dem Showbusineß in den Hammarbyhamnen ein, aber keinen einzigen Fotografen.
 Es gelang ihr auch, über eine längere Zeit geheimzuhalten, daß sie ein kleines Sommerhäuschen in der Nähe von Halmstad gefunden hatte. Es war ihre mentale Oase, ihr Refugium, in das sie entfliehen konnte, wenn sie nicht arbeiten mußte. Dort war sie absolut ungestört. Es gab weder Fax noch Telefon.
 Marie kochte vor Wut, als sie eines Tages die Zeitung aufschlug und dort die Schlagzeile »Marie hat ihr Traumhaus am Meer gefunden« las und unter dem Artikel noch ein großes Foto von dem Anwesen entdeckte.
 Tief im Inneren hatte sie gewußt, daß es einmal rauskommen würde, aber dennoch gehofft, daß dies nicht geschehen werde. Jetzt hatte sie Angst, daß die Fans um ihr Haus schleichen und alles, was nicht niet- und nagelfest war, als Souvenir mitnehmen würden – eben genauso, wie sie es bei Pers Grundstück gemacht hatten.
 Marie war der Meinung, daß jeder Star für sich bestimmen sollte, wieviel er von seinem Privatleben preisgeben wolle. Die Familie spielte immer noch eine wichtige Rolle in ihrem Leben, gab ihr Halt und Geborgenheit. Maries Mutter Inez war der große Rummel um ihre Tochter gar nicht recht.
 Ansonsten hatte sich das Leben aber durchweg positiv verändert. Marie war durch ihre Erlebnisse und Erfahrungen während der Reisen rund um den Globus menschlich

gewachsen und hatte ein stärkeres Selbstvertrauen bekommen. Sie fühlte sich auch stärker, weil ihre kranke Mutter auf dem Weg der Besserung war und sie sich jetzt nicht mehr so viele Sorgen um sie zu machen brauchte.

Oft hatte sich Marie gewünscht, mehr Zeit für Bücher, Theater, Filme und ihre Malerei zu haben. Kunst inspirierte sie ungemein. Ihre Bilder, meist malte Marie Aquarelle, waren ebenso privat wie ihre Tagebücher. Aber ansonsten war sie mit ihrem Leben zufrieden. In Micke hatte sie endlich den richtigen Partner gefunden, die beiden harmonierten von Anfang an wie ein Herz und eine Seele.

Der Herbst war für Marie die schönste Jahreszeit, weil er kühl, frisch und voller Farben war. Marie war froh, daß »Den ständiga Resan« im Herbst auf den Markt kam. Sie wußte, daß diese Solo-LP ein wichtiger Schritt in ihrer Karriere war, der sich auch für die Zukunft von Roxette positiv auswirken würde.

Tourism

Es war eine merkwürdige Ansammlung von Demobändern, die Roxette von der erfolgreichen Welt-Tournee mit nach Hause brachten.

Da waren Live-Aufnahmen von den Konzerten in Santiago, Sydney und Zürich, da waren die Songs »Here comes the Weekend« und »So Far Away«, aufgenommen in einem Hotelzimmer in Buenos Aires, da war »It must have been Love« in einer völlig neuen, improvisierten Country-Version. »Fingertips« wurde in einem Studio in Rio aufgenommen, »Never is a long time« in einem geschlossenen Nachtclub in São Paulo. Und mittendrin war die neue Single »How do you do«, die zu Hause im Tits & Ass-Studio entstanden war, versteckt.

Diese Songs sollten, zusammen mit einigen im Studio in Stockholm und Kopenhagen aufgenommenen Bändern, auf das Tour-Album kommen, das sich Videoregisseur Wayne Isham und Per einige Monate zuvor in Australien ausgedacht hatten.

Aber das war noch streng geheim!

Die Gerüchte um eine Live-LP, die im Herbst '92 erscheinen sollte, waren eine perfekte Tarnung für das Projekt. Vielleicht konnten Per und Marie deshalb unbemerkt zum Studio fahren, ohne daß jemand auch nur etwas ahnte. Sogar die neugierigen Abendzeitungen wußten von nichts.

Drinnen, im stickigen Studio war die Arbeit in vollem Gang. Hier schwitzten Clarence, Anders und Per während vieler heißer Frühsommertage stundenlang vor den Computer-Bildschirmen, um die Songs, die während der Tournee entstanden waren, zu programmieren. Inmitten all dieser kalten High-Technology verrichteten die drei Perfektionisten harte, schweißtreibende Arbeit. Sie waren mit Herz und Seele bei der Sache.

Als die Platte fertig war, stand immer noch nicht fest, ob sie auch wirklich veröffentlicht werden würde.

»Wenn sie nicht hundertprozentig gut ist, lassen wir es sein«, hatten Marie und Per vorab vereinbart.

Aber sie war gut, da waren sich alle einig. Am Tag nach dem Meeting verschickte Marie Dimberg ein Fax, das in allen internationalen EMI-Büros für helle Aufregung sorgte. Roxette hatten eine neue Platte produziert, in nur drei Monaten! »Tourism« sollte das Ding heißen, das man in eine Reihe mit Jackson Brownes »Running on Empty« oder U2's »Rattle and Hum« stellen konnte.

In London begann der letzte Teil der Weltreise. Hier fiel der Startschuß für »The Summer Joyride Tour 1992«. Die Idee war, eine ganz neue Show abzuziehen – mit veränderter Bühnendekoration, anderen Outfits, neuer Song-Reihenfolge und mehreren Songs von der brandneuen LP.

Aber es kam anders.

Die Generalprobe am Tag zuvor war eine reine Katastrophe gewesen. Nichts hatte funktioniert. Die neue Reihenfolge der Songs war einfach schlechter als die alte. Die Probe wurde abgebrochen und alles noch mal in Ruhe durchgesprochen.

»Wir lassen es und machen die alte Show«, sagte Per entschlossen.

Ein Seufzer der Erleichterung ging durchs Zimmer. Es wurden nur zwei neue Songs in die Show aufgenommen, nämlich die Single »How do you do« und »Heart Shaped Sea«. Letztgenannter Song war die erste Ballade seit Jahren, die Per selbst sang. Balladen waren wahrscheinlich die größte Stärke von Roxette; denn dabei kamen Maries gesangliches Einfühlungsvermögen und sein eigenes Gefühl für schöne Harmonien am besten zur Geltung.

Die Roxette-Gang tourte noch eine Weile durch Europa. Sie spielten vor 18000 Fans auf der Waldbühne in Berlin und zum ersten Mal auch in den ehemaligen Ostblock-Staaten, z. B. in Budapest in Ungarn.

Es war ein eigenartiges Gefühl. Die Wiedervereinigung Deutschlands, die Zersplitterung des Ostblocks, der Zerfall der Sowjetunion – es geschahen politische Entwicklungen, die keiner für möglich gehalten hatte.

Per und Marie überkam ein unbeschreibliches Glücksgefühl, als ihr Bus durch die Straßen von Budapest rollte. Noch vor gar nicht allzu langer Zeit war dies ein Ostblockstaat gewesen, und jetzt hatte sogar EMI ein Office hier eröffnet. Alles war so unglaublich schnell gegangen. Das Konzert im Nep-Stadion wurde ein Triumph. Jetzt konnten Per und Marie nachempfinden, was Freddie Mercury und Queen gefühlt haben mußten, als sie hier an dieser Stelle ihr legendäres »Live Magic«-Album aufnahmen.

Im Ostblock gab's keinerlei Probleme, dafür aber im Westen. In Frankreich kamen Roxette mit ihrem Tourbus in den Streik der französischen LKW-Fahrer. Da hieß es stehenbleiben. Absolut stopp. 30 Kilometer vor Paris saßen Per, Marie und Co. fest. Nichts ging mehr. Und in nur wenigen Stunden sollte die Band im Le Zenith auf der Bühne stehen.

Dave Edwards rief den örtlichen Veranstalter an.

»Wir werden wegen der LKW-Blockade verspätet ankommen, und ich weiß nicht, wie wir nach Paris kommen können. Aber irgendwie werden wir es schaffen.«

Ein englischer Busfahrer gab ihnen den Tip, daß die Chancen besser waren, wenn Familien mit Kindern im Bus saßen.

Da fiel Dave Pelle Alsings Freundin Lotta ein. Sie war im achten Monat schwanger.

»Lotta, setz dich bitte für eine Weile nach vorne«, bat Dave.

Der Bus fuhr auf der linken Spur zu den Barrikaden.

»Sie ist hochschwanger, das Baby kann jede Sekunde kommen«, schrie Dave den Franzosen zu und versuchte, dabei so verzweifelt wie möglich auszusehen.

Einer der Franzosen kam näher und schaute in den Bus. Dann nickte er mit dem Kopf, und auf seinen Befehl wurden die Barrikaden geöffnet, und der Bus konnte passieren. Hurra!

Zwischen dem Konzert in Glasgow und dem Abschlußkonzert in Stockholm hatten Asa und Per einige Tage für sich in ihrer Wohnung. Manchmal kam es ihnen vor, als hätten sie Halmstad 1988 verlassen und seien erst jetzt wieder nach Hause gekommen. Sie hatten ihre vielen Freunde und Verwandten vermißt, aber auch den Alltag und so simple Dinge, wie im eigenen Bett aufzuwachen und am Morgen Tee aus den eigenen Tassen trinken zu können. Das war nach all den hektischen Reisen der reinste Luxus. Aber sie merkten, daß die Drei-Zimmer-Wohnung langsam zu klein wurde. Per hatte ein großes Grundstück am Strand bei Tylösand gekauft, und die ersten Baupläne waren bereits entworfen. Schenkte man allerdings den Storys in den Abendzeitungen Glauben, dann war die neue Villa, kombiniert mit Studio und Büro, bereits bezugsfertig. In Wirklichkeit lag alles aber immer noch auf dem Zeichentisch.

Einrichtung und Architektur hatten Per immer schon interessiert, und jetzt konnte er zusammen mit dem Architekten seine Ideen von Design realisieren. Asa und er gingen mit großem Enthusiasmus an die Arbeit.

Das war typisch Per. Wenn er sich für etwas interessierte, dauerte es nicht lange, bis es für ihn zu einer Leidenschaft wurde. Er lernte das meiste schnell und überließ nichts dem Zufall. So war es auch gewesen, als Thomas Johansson vom EMI Telstar ihn dazu gebracht hatte, gute, alte Weine zu schätzen. Pers Weinsammlung wuchs schnell und war erstklassig ausgestattet. Er wurde in kürzester Zeit zum Weinkenner.

Und im Sport war es ähnlich. Per wollte immer der Beste in allem sein. Egal, ob es nun Eishockey war, Handball, Tennis oder Tischtennis. Zwar ließen seine Kondition und die Beinarbeit zu wünschen übrig, aber dafür hatte er ein gutes Ballgefühl und den Willen zu siegen.

Per am Meer: Nach der langen »Joyride«-Tour relaxt der Roxette-Star am einsamen Strand von Tylösand/Schweden

Neuerdings interessierte sich Per, der jahrelang einen grünen Golf gefahren war, für schwere Motorräder und schnelle Autos. Als Teenager hatte Per die Wände mit Postern der Formel-1-Helden Jackie Stewart, Ronnie Peterson und Jochen Rindt tapeziert. Plötzlich war das Interesse für den Motorsport wieder da. Per verpaßte so gut wie keinen Formel-1-Lauf im Fernsehen, hatte eine Ferrari-Zeitschrift abonniert und kaufte sich zunächst eine weiße Corvette, später noch einen bordeauxroten Mercedes 600 SL.

Auch die Kunst hatte ihm immer sehr am Herzen gelegen. Er hatte sogar eine Staffelei gekauft, aber das Sammeln war der aktive Teil von ihm. Die Künstler David Hockney und Sam Francis gefielen ihm besonders gut.

Seine eigenen Zeichnungen hatte der Kunstlehrer an der Kattegatschule damals als »fortgeschrittenes Gekritzel mit Betonung auf fortgeschrittenes« bezeichnet und ihm die beste Note im Abschlußzeugnis gegeben.

Kunst faszinierte Per. Deshalb engagierte er sich auch, als eine Debatte über den Bau einer Kunsthalle in Halmstad begann. »Halmstad hat ein einzigartiges Kulturerbe, das auf skandalöse Art und Weise verschleudert wird. Die Kunsthalle könnte das wieder wettmachen«, ließ Per die Lokal-Presse wissen. Er war verärgert darüber, daß Kultur in Halmstad immer erst an letzter Stelle kam.

Im Herbst 1992 war es endlich Zeit für die Präsentation von »Tourism«. Pers Erwartungen für diese Scheibe waren ausnahmsweise nicht besonders hoch. »Diese LP ist nicht sehr kommerziell ausgefallen«, sagte er in einem BRAVO-Interview. »Es ist eigentlich ein Tour-Souvenir für unsere treuen Fans. Ich gehe nicht davon aus, daß wir davon zehn Millionen verkaufen werden!«

Während die astronomischen Verkaufszahlen von »Joyride« (über zehn Millionen) durch viermonatige Promotionarbeit und eine große Welt-Tournee erreicht wurden, wollten Per und Marie für »Tourism« nur wenige Interviews geben, nur in ausgesuchten TV-Shows auftreten und höchstens ein bis zwei Singles auskoppeln.

So wurde es dann auch gemacht. Zunächst wurde der freche Gute-Laune-Song »How do you do« veröffentlicht – und schoß, sehr zu Pers Verwunderung, hoch in die Top Ten rund um die Welt. Roxette hatten ihren nächsten Top-Hit! Die zweite Auskopplung war die wunderschöne, melancholisch angehauchte Ballade »Queen of Rain«, die chartsmäßig in den meisten Ländern allerdings nur in den Top-40-Bereich gelang.

Zu dieser Zeit kreisten Pers Gedanken schon längst um die nächste Studio-LP, die für 1994 geplant war. Er hoffte, daß Marie für die Platte diesmal mehr Lieder schreiben würde, damit Roxette eine größere Auswahl von Songs zur Verfügung hätten. Das neue Studio-Album ist für Per und Marie eine riesige Herausforderung, wahrscheinlich die größte ihrer bisherigen Karriere. Es gilt, die magische Zehnmillionen-Grenze von »Joyride« zu überbieten. Man darf gespannt sein, was sich Hit-Experte Per alles einfallen lassen wird.

Epilog

Nachdem die Schlußakkorde von »Listen to your Heart« verklungen waren, gingen Per und Marie noch einmal vor zum Bühnenrand. Sie schüttelten den Fans die Hände und verbeugten sich vor ihrem Publikum. Dann fielen sie sich erschöpft in die Arme.

Nach 107 Konzerten in vier Kontinenten war die gigantische »Joyride«-Worldtour zu Ende.

Hinter der Bühne des Sjöhistorika Museums in Stockholm warteten Freunde, Bekannte, Künstlerkollegen, Branchenleute und Journalisten aus vielen verschiedenen Ländern auf Roxette.

Es war Mittwoch, der 22. Juli 1992. Die gesamte Roxette-Gang freute sich nach der anstrengenden Tour auf die wohlverdiente Pause.

Marie plante, an ihrer neuen Solo-Platte »Den ständiga Resan« zu arbeiten und kreativ zu sein, anstatt sich auf ihren Lorbeeren auszuruhen, freute sich aber auch, endlich Zeit für ihre Familie und Freunde zu haben.

Per wollte sich jetzt auch erst mal richtig erholen. Er freute sich darauf, es sich mit Asa zu Hause in Halmstad gemütlich zu machen, seine Familie und seine Freunde zu treffen und einmal nur das zu tun, wozu er Lust hatte.

Bei Workaholic Per kann sich jeder denken, was das bedeuten würde!

Im Dunkel der lauen Sommernacht zeichnete sich die Silhouette der Roxette-Bühne ab. Plötzlich sagte jemand leise zu sich selbst: »Die ist größer und höher als das Rathaus von Halmstad!«

Per stand zufällig in der Nähe und hörte den Kommentar.

Nächstes Mal wird alles noch viel größer, dachte er sich leise und lächelte zufrieden.

Roxette – Zwei Schweden in Deutschland

von Alex Gernandt, BRAVO

Ich erinnere mich noch genau an mein erstes Treffen mit Roxette.

Es war ein naßkalter, unfreundlicher Morgen im März 1989. Ich fuhr raus zu den Bavaria-Filmstudios im Münchener Vorort Geiselgasteig. Dort, wo bereits Kino-Klassiker wie »Das Boot« oder »Enemy Mine« entstanden waren, wurde auch die beliebte Pop-Show »Formel Eins« für die ARD aufgezeichnet. Zu jeder Sendung wurde damals ein Stargast ins Studio eingeladen, und für heute waren Roxette angekündigt. »Stargäste« waren Per Gessle und Marie Fredriksson zu jener Zeit noch nicht!

Keiner der Schüler, die mit ihrem Lehrer einen Klassenausflug in die Filmstudios gemacht hatten, wußte, wer das strohblonde, ganz in Schwarz gekleidete Girl und der Typ mit den dunklen Struwwelhaaren und der roten Gitarre war, die hier vor Halle 10 auf ihren Auftritt warteten.

Eine junge Schülerin wagte sich an Per ran.

»Excuse me, who are you?« fragte sie schüchtern.

Per fing unweigerlich an zu grinsen. Das hatte nichts mit Überheblichkeit zu tun. Aber es war eben schon einige Zeit her, daß er nicht erkannt wurde – zumindest in Schweden, wo er längst ein Star war.

»My name is Per, this is Marie and we are Roxette!« antwortete er.

»Hm, nie gehört«, sagte sie schulterzuckend, bedankte sich artig für die Auskunft und ging weiter. Ein Autogramm wollte sie nicht.

Jetzt trat der Aufnahmeleiter vor die schwere Stahltür und bat Per und seine Partnerin herein. Es war Zeit für die TV-Aufzeichnung. Nach einer kurzen Ansage von »Formel Eins«-Moderator Kai Böcking legten Per und Marie mit ihrem fetzigen Song los – »The Look«. Ich stand an der Seite der Bühne und schaute zu.

Ein paar Tage zuvor hatte ich in der Redaktionskonferenz vorgeschlagen, bei »Formel Eins« die neue Gruppe Roxette aus Schweden zu interviewen.
»Wer ist denn das?« fragte mein Chefredakteur.
»Ein neues Pop-Duo aus Schweden, optisch in etwa mit den Eurythmics zu vergleichen. Sie blond, er dunkel«, umriß ich kurz ihr Image.
»Haben die einen Hit?« wollte der Chef wissen.
»Bei uns noch nicht«, antwortete ich, »aber in Amerika sind sie immerhin in den Top 50 der offiziellen Billboard-Charts!«
»Okay, fahr hin! Und nimm einen Fotografen mit. Neue Gesichter können unserem Blatt nicht schaden«, befand der Redaktionsleiter.

Es war nur ein paar Tage her, daß ich von der Kölner Plattenfirma EMI Electrola mit der LP »Look sharp!« bemustert worden war. Ich hatte mir das Album mehrmals angehört und war angenehm überrascht. Besonders die Songs »Paint«, »Chances«, »Dangerous«, »Shadow of a doubt«, die Ballade »Listen to your Heart« und der Knaller »The Look« hatten es mir angetan.
Maries Stimme gefiel mir auf Anhieb, und die Refrains gingen mir nicht mehr aus dem Ohr – »nananananana she's

got the Look!« Dieser perfekt produzierte Pop hatte Hit-Qualitäten. Aber persönlicher Geschmack ist bekanntlich nicht immer gleichzusetzen mit großem Publikumserfolg!

Ich war jedenfalls gespannt, wie die beiden Schweden drauf sein würden. Die Tatsache, daß sie es als Euro-Act mit »The Look« in die amerikanischen Top 50 geschafft hatten, beeindruckte mich. Das war nicht alltäglich.
Im Anschluß an die TV-Aufzeichnung wurden mir Per und Marie dann vorgestellt. Wir saßen auf einem Sofa in ihrer Garderobe. Ich zeigte den beiden die aktuelle BRAVO-Ausgabe, damit sie sich ein Bild von unserem Blatt machen konnten. »Da ist ja alles drin, was das Herz eines Pop-Fans begehrt«, lobte Per, der ja selbst Pop-Fan war. Und als ich ihm die wöchentliche Auflagenzahl verriet, schlug auch sofort sein Herz höher. Es war ihm klar, daß er mit einem Feature in BRAVO mehr Platten verkaufen würde.

Per war mir sofort sympathisch. Ich schätzte ihn als offenen, unkomplizierten Typen ein, der genau wußte, auf was es bei der Zusammenarbeit mit einer Jugendzeitschrift ankam, eben weil er selbst Fan war.
Marie war ebenfalls sehr nett und zuvorkommend, machte auf mich aber zunächst einen etwas mißtrauischen Eindruck. Ich wußte damals noch nicht, daß sie in Schweden bereits einige Probleme mit allzu neugierigen Journalisten hatte.
Doch nachdem die beiden Newcomer die BRAVO-Lifelines (Geburtstag, Geburtsort, Größe, Schulbildung, Familienstand, Hobbys) sorgfältig ausgefüllt hatten, standen sie mir geduldig Rede und Antwort.
In dem einstündigen Interview erzählten Per und Marie, daß sie in Schweden bereits seit einigen Jahren sehr erfolgreich waren; er mit der Band Gyllene Tider, sie mit MaMas Barn und als Solo-Künstlerin. Einerseits merkte ich an ih-

Roxette 1992

rer Professionalität, daß sie keine Neulinge im Musik-Busineß waren, andererseits war ich überrascht, denn in Deutschland hatte man noch nichts von ihnen gehört. Das lag daran, daß sie Schwedisch sangen und ihre Platten bei uns nicht veröffentlicht wurden. Auch ihr erster Besuch in Germany, der bereits Anfang '87 zur Promotion der ersten Roxette-LP »Pearls of Passion« stattfand, ging völlig unter. Von dem vielversprechenden Debüt-Album, mit Songs wie »Soul Deep«, »Surrender«, »Voices«, »Goodbye to you« oder »I call your Name«, nahmen weder Rundfunk oder Presse noch Pop-Fans Notiz. Es kam nur in geringer Auflage auf den Markt und hat heute Sammlerwert.

»Damals war die Zeit einfach noch nicht reif für uns«, analysierte Per. »Auch im restlichen Europa floppte die Scheibe. Aber wir sind überzeugt, mit ›Look sharp!‹ einen guten Nachfolger zu haben!«

Jetzt, im Frühjahr '89, standen die Zeichen endlich auf Sieg. Kurz nach der »Formel Eins«-Sendung stieg »The Look« in die deutschen Charts ein und kletterte von Woche zu Woche höher.

BRAVO brachte am 6. April 1989, also kurz nach dem Interview, den ersten kleinen Artikel über Roxette mit der Schlagzeile »Schweden-Duo stürmt die US-Charts« (Ausgabe 15/89).

Mitte April reiste ich nach Köln, um Roxette zu ihrem Auftritt beim WWF-Club zu begleiten. Während des Interviews wurde die Idee geboren, eine Homestory bei Per in Halmstad zu machen (Marie wohnte ja mittlerweile in Stockholm). Per hatte nichts dagegen. Im Gegenteil: Er freute sich, dem BRAVO-Team seine Heimatstadt, wo die Roxette-Karriere begann, zu zeigen. Auch Marie war da, als wir den Hitexperten in seiner gemütlichen Dachgeschoß-Wohnung besuchten.

Fotograf Frank Lothar Lange und ich staunten, als wir

die vielen Gold- und Platin-LPs an den Wänden entdeckten, die Per zu Gyllene-Tider-Zeiten eingeheimst hatte. Eins der drei Zimmer seiner Wohnung war das Büro, mit zwei Telefonen, einem Faxgerät und diversen Instrumenten. An einer Pinwand hingen die neuesten Charts. Per behielt die Kontrolle über Roxette.

Später führte uns Marie zu dem weißen Holzhaus im Stadtteil Rotorp, in dem sie während ihrer Zeit in Halmstad gelebt hatte. Sie erzählte uns, daß sie nach zehn Jahren Provinz froh war, Großstadtluft zu schnuppern.

Eine BRAVO-Story folgte jetzt der anderen: »Roxette – Ein Paar sind wir nur auf der Bühne!«, »Auch in den USA reißt man sich um sie« und »Hier entstehen ihre Hits« hießen die nächsten Geschichten. Bei den Lesern wurde das sympathische Schweden-Duo immer beliebter. Plötzlich erklomm »The Look« in Deutschland die Chartspitze, und am 24. Mai 1989 kamen Roxette zum ersten Mal auf den BRAVO-Titel (Ausgabe 22/89).

Eine unnachahmliche Erfolgsserie nahm ihren Lauf. Jede Roxette-Single wurde ein Volltreffer: »Dressed for Success«, »Listen to your Heart« und »Dangerous«. Eine kometenhafte Karriere hatte begonnen!

Als im Sommer '90 »It must have been Love«, die Ballade aus »Pretty Woman«, die Hitparaden hinaufraste, waren Per und Marie bereits im Stockholmer EMI-Studio, um an der nächsten LP zu basteln.

Unser Chefredakteur schickte uns in die schwedische Hauptstadt, um eine Reportage über die Plattenaufnahmen sowie eine Fotosession für einen geplanten BRAVO-Titel zu machen.

Gesagt, getan. Als wir die EMI-Studios im Stockholmer Stadtteil Johanneshov erreichten, empfingen uns Per und Marie sehr herzlich. Bei einer Tasse Kaffee durften wir sogar exklusiv in die brandneuen Songs »Queen of Rain« und »Joyride« reinhören.

Danach war's Zeit für die Fotosession. Per war wie immer gut drauf und erzählte Witze, während Marie, wohl bedingt durch den Studiostreß, recht angespannt wirkte. Das merkte man auch während des Foto-Shoots. Sie brachte einfach kein strahlendes »Titelseiten-Lächeln« zustande. Lange Rede, kurzer Sinn: Das einzige brauchbare Bild dieser Session, auf dem auch Marie gut aussah, war ausgerechnet das Interview-Bild, auf dem ich mit drauf war.

Als wir mit der Produktion nach München zurückkamen, sah sich der Chefredakteur die Dias an.

»Da ist ja kein einziges gutes Cover-Motiv dabei«, stellte er verärgert fest. Da hatte einer unserer cleveren Layouter eine glorreiche Idee:

»Auf dem Interview-Bild sehen die beiden gut aus«, bemerkte er. »Wir schneiden den Redakteur einfach raus – und haben ein Cover!«

Das »Zauber-Foto« kann man auf BRAVO 42/90 bewundern...

Auch heute – viereinhalb Jahre und viele, viele Interviews und geglückte (!) Fotosessions später – ist das Verhältnis zwischen Roxette und BRAVO noch immer hervorragend.

Vier heißbegehrte BRAVO-Ottos hat Per und Marie ihre Beliebtheit bei den Lesern bisher eingebracht: 1989, gleich im ersten Jahr, Silber; 1990 Bronze; 1991 wieder Silber und 1992 schließlich Gold!

Ganze 14mal waren die beiden zwischen April '89 und August '93 auf dem BRAVO-Titel, und sage und schreibe 40 Poster wurden gedruckt.

Es werden sicherlich eine Menge dazukommen, wenn in Kürze das heißersehnte neue Album der beiden Superstars veröffentlicht wird.

Freuen wir uns gemeinsam darauf!

Bildnachweis

Reidar Holmén: Seite 12, Jörgens Foto: Seite 38/39, Jan-Owe Wikström: Seite 59, Göran Odefalk: Seite 67, Jan-Owe Wikström: Seite 95, EMI: Seite 131, Christer Juréhn: Seite 139, Mats Holmertz: Seite 150/151, Marie Dimberg: Seite 158, Jens Assur / Pressens Bild: Seite 167, Peter Widing: Seite 172, Torbjörn Andersson / Pressens Bild: Seite 180, Reportagebild: Seite 182, Yes PHOTO / Anders Sällström: Seite 188, 190, EMI / Henry Diltz: Seite 194, Mattias Edwall: Seite 201, EMI: Seite 203, Laila Berger: Seite 218, Lasse Nordin: Seite 227, Göran Odefalk: Seite 241, Frank Lange: Seite 250/251.

Alle übrigen Bilder, Artikel, Briefe etc. stammen aus dem Privatbesitz von Per und Marie.

Die Farbfotos im Innenteil stammen von Claus Kranz (Seite 1), F. L. Lange (Seite 2, 3, 4, 5, 6 Mitte, 7), Michael Wilfling (Seite 6 oben, Seite 8 oben links), EMI (Seite 6 unten), Redaktion BRAVO (Seite 8 oben rechts, Seite 8 unten).